J[ohann] J[akob] Kämmerer

Geschichte der kurpfälzischen Oberamtstadt Ladenburg

ein Beitrag zur pfälzischen Geschichte

J[ohann] J[akob] Kämmerer

Geschichte der kurpfälzischen Oberamtstadt Ladenburg
ein Beitrag zur pfälzischen Geschichte

ISBN/EAN: 9783743692213

Hergestellt in Europa, USA, Kanada, Australien, Japan

Cover: Foto ©ninafisch / pixelio.de

Weitere Bücher finden Sie auf **www.hansebooks.com**

Geschichte
der
Kurpfälzischen Oberamtstadt
Ladenburg
ein
Beitrag zur Pfälzischen
Geschichte.

Von
J. J. Kämmerer
Kurpfälz. Weltpriester.

Mit einer Kupfertafel.

Mannheim
gedruckt, in der Hof- und akadem. Buchdruckerei
1789.

§. 1.

Es ist ein edles Bestreben — würdig des deutschen Patrioten wenn er die Geschichte merkwürdiger Oerter im Vaterlande, beleuchtet — mit seinem Blike die dunkle Vergangenheit durchdringet, — dem Gange entwikelter Anlagen und durchgesezter Plane nachspüret — Sitte, Gebräuche, Geschmak, Religion, Kommerz und Produkte der Alten mit der wirklichen Verfassung vergleichet, und überhaupt das Publikum mit Oertern bekannt macht, deren Beschreibung Niemand gleichgültig ist, dem noch ein Fünkgen Vaterlandsliebe im Busen flammet. Hohe erreichte Stufen in Künsten, und Wissenschaften, die unsere Ahnen noch nicht kannten — erweitertes Kommerz, zu dem unsere kriegerischen Urväter nicht einmal Anlage hatten — Verfeinerung der Sitten, da dieselben blos Naturmenschen waren, hauchen dem biederen Deutschen Wonne, und Vergnügen in die Seele, da er im Gegentheile in volle Gährung geräth, wenn er unsere Ausartung in so manchen großen Eigenschaften, welche die Allemannen Karakterisirten, wahrnimmt.

§. 2.

Ladenburg, dessen Geschichte hier dem Publikum in die Hände geliefert wird, ist in mancher Rüksicht merkwürdig.— Diese Stadt liegt in der schönsten Gegend der rheinischen Pfalz— Sie war eine der ältesten Vestungen in Deutschland, sie hatte tausend Schiksale, deren jedes die Aufmerksamkeit des Patrioten verdient. — Freher schrieb zwar einen besonderen Kommentar über Ladenburg; Töllner, Pareus, Lamey, Andreä, Widder und andere berühmte und um die vaterländische Geschichte verdiente Männer dachten sich tief in diese Geschichte — allein sie lieferten theils nur Bruchstüke, theils sind die einzelnen oft sehr wichtigen Nachrichten nur zerstreut— in fliegenden Blättern enthalten, und was noch der wesentichſte Mangel in der Geſchichte Ladenburgs iſt, ſo vermißt man allenthalben Nachrichten von der neueſten Verfaſſung dieſer Stadt—. Von ihrem wirklichen Zuſtande, oder Merkwürdigkeiten weiß man wenig, oder gar nichts.

§. 3.

Ladenburg iſt eine Oberamtsſtadt der Rhein-Pfalz — die Stadt liegt hart am rechten Ufer des Nekers, zwei Stunden von Heidelberg, und eben ſo weit von Mannheim entfernt — Sie hat gegen Oſten den Markfleken Schriesheim, und den Ort Leutershauſen, gegen Süden Edingen und Schwabenheim, gegen Weſten Uelbesheim und Sekenheim, und gegen Norden Hebdesheim, und Straßheim zu ihren Gränzen.

§. 4.

Der Geſchichtſchreiber, welcher dem Urſprunge Ladenburgs nachſpürt, geräth auf verſchiedene Muthmaſſungen, welche durchaus labirintiſch ſind — Auſonius iſt der erſte, bei dem der Name dieſer Stadt vorkömmt. Dieſer klaßiſche Schriftſteller, welcher die Siege einiger Römiſchen Kaiſer beſungen hat, nennt unſere Stadt *Lupodunum* a) aus der Endung dieſes Wortes ſchlieſen Kritiker vom erſten Range b) daß Ladenburg urſprünglich von den Zelten c) erbaut worden ſei; weil *dune* oder *dunum* nach der zeltiſchen Mundart eine Erhöhung, auf welcher Ladenburg liegt, bedeute. Dieſe nämliche Bedeutung hat ſich noch bis auf unſere Zeiten in den Niederlanden erhalten; daher läßt ſich nach den Regeln der Wortforſchung auf die Benennung des Niederländiſchen Seehafens *Duynkerken* ſchlieſſen. Dieſe Meinung erhält noch einige Wahrſcheinlichkeit dadurch, weil die Römer den Oertern, die ſie

---

a) *Moſella* v Idyllio X ỳ 420.
— — — nec praemia in undis
Sola, ſed anguſtae veniens quod moenibus urbis
Spectavit junctos nati patrisque triumphos
Hoſtibus exactis Nicrum ſuper & *Lupodunum*
Et fontem latiis ignotum annalibus hiſtri
Haec profligati venit modo Laurea belli.

b) Häſelin in actis academ. Theodoro-Palat. Tom. 3 p. 199 und andere.

c) In den Zeiten vor Kriſti Geburt nannten die Griechen und Römer die herumſchweifenden Nationen Scyten, und Zelten, worunter auch die Deutſchen begriffen waren.

angelegt haben, lateinische Namen beilegten. d).

§. 5.

Die Meinung jener Geschichtschreiber e) welche die ursprüngliche Erbauung Ladenburgs den Römern zuschreiben, gründet sich auf folgende Beweise: der Reiz der Gegend, und die bekweme Lage zu einer Festung wider die Franken hat die Römer, da sie über den Rhein gesezt waren, veranlasset, sich auf der wirklichen Städte nieder zu lassen.— Amian Marzelin f) thut von einem wichtigen Gebäude, welches Kaiser Valentinian am Nekar aufgeführt hat, Meldung; daher soll dieser Ort Anfangs Latinoburg, Valentinoburg, Ulatinburg, Latinburg genannt worden sein — Allein andere Geschichtschreiber g) verstehen unter die-

---

d) *Alta ripa*, Altripp bei Mannheim — Tabernae montanae, Bergzabern im Zweibrükischen ꝛc. ꝛc.

e) *Andreae Lupodun. illustrat. §. IV. Freher commentar. de Lupoduno.*

f) *Rer. gest. Lib. XXVII & XXVIII.*

g) *Haefelin in act. Theod. Palat. l. c.*

sem Gebäude das eingegangene Mannheim, welches in den ältern Zeiten ein Schloß und Dorf war, das hart am rechten Ufer des Nekers lag — und wenn Marzelin auch wirklich unter diesem wichtigen Gebäude Ladenburg verstehet, so sind doch keineswegs jene dadurch widerlegt, welche Ladenburgs Erbauung den Zelten zuschreiben — wenn Valentinian den Ort, welchen die Zelten angelegt, und verlassen hatten, erweitert, neue Gebäude aufgeführt, und mit Thürnen, Mauren, und andern Vestungswerkern versehen hatte, so kann Marzellin mit Wahrheit sagen, daß Valentinian ein bedeutendes Werk hier errichtet habe.

§. 6.

Aus den Alterthümern, deren die gefräßige Zeit geschonet hat, kann man ebenfalls auf die ehemaligen Schiksale eines Erdstriches schliessen, und zugleich urtheilen, welche Gestalten die Oberfläche einer Gegend in einem Jahrtausend angenommen, wie groß der Einfluß der phisischen Abänderungen auf die moralischen und überhaupt auf den ganzen Selenzustand der Menschen sei.

§. 7.

Im Jahre 1766 den 22ten May wurde bei Gelegenheit eines Straſſenbaues von Leonhard Eiſenhauer einem Burger von Schriesheim ein Römiſches Begräbniß entdekt — der ganze Umfang deſſelben beläuft ſich in der Länge auf 84, und in der Breite auf 64 Franzöſiſche Schuhe — in dem Gemäuer, welches ſich 6 Schuhe tief in die Erde erſtrekt, und ganz neu aufgeführt zu ſein ſcheint, ſind Höhlungen angebracht, worin noch verſchiedene Urnen, und Aſchenkrüge gefunden wurden — die Lage, Geſtalt, und Bauart dieſes Begräbniſſes iſt durchaus die nämliche, wie jenes, welches ſich noch ohnweit Neapel befindet, und von Virgil beſchrieben iſt. Der berühmte Schöpflin liefert eine vollſtändige Nachricht von demſelben. h) Auf dem Orte, wo dieſe Entdekung gemacht wurde, ſteht nun eine ſteinerne Säule mit einer Aufſchrift zum ewigen Andenken i).

---

h) Acta acad. Theod. Palat. Tom. III. p. 213.

i) Sepulcri Romani
   Columbarium

§. 8.

Im nämlichen Jahre wurde bei der nämlichen Gelegenheit auf den Gränzen wo sich die Schrießheimer Gemarkung von der Ladenburger trennt, ein Römisches Badhauß herausgegraben. Nach seiner inneren Einrichtung war es völlig nach einem Modelle angelegt, wo die Reize und Wollüsten lebhaft auf die menschliche Sinnen wirkten, wo die Phantasie von wollüstigen Ideen erhizt, und die reine Moralität umgestürzt werden mußte. Seneka) der große Moralist seiner Zeit verdient, daß seine ganze Schilderung von den Badhäusern der Römer nachgelesen und noch heute beherziget werde. Noch vor einem Jahre wurde eine Teichel, wodurch das Waßer vom Gebirge in das Bad geleitet wurde, gefunden — Sie hatte

---

Sacellum, Coenaculum
Continentis
Fundamenta
Anno
M. D. C. C. L. XVI.
Detecta
Locus hic degit.

k) Epist. 51.

im Durchschnitte ohngefähr 3 und in der Dike 1 1/2 Französische Zolle. Ein Taglöhner, welcher den Werth dieses Alterthumes nicht gekannt hatte, konnte dieselbe kaum mit äusserster Anstrengung seiner Kräfte zerschlagen — Herr Schöpfelin hat dieses Badhaus sehr pünktlich beschrieben, l) ober diesem Badhause ist ein neues Gebäude mit einer Denkschrift aufgeführt m).

§. 9.

Der marmorne Votivstein, n) den die Bürgerschaft von Mainz den Römischen Kai-

---

l) Acta acad. Theod. Palat. Tom. II. p. 107.

m) Balneor, roman. fundamenta
  Summis auspiciis
  Car. Theodori Princ. Elect.
   eruta
  Partim tecto mutoque munita
  Partimque ytjfuerant, defossa
  An. M. D. C. C. L. XVI.

Inschrift	Ergänzung.
n) J. N. H.	DD jovi &
JVNONI R	eginae
MINERVAE	Numini (vel Diis Dea)
BVSQVE IMP	erii pro
SALVTE ET IN	columitate

         D. D.

fern Maximian und Konstantin aufgerichtet hatte, und in diesem Jahrhundert in Laden-burg gefunden wurde, ist ebenfalls ein sprechendes Denkmal aus den Römerzeiten — der Stein bestand aus zwei zusammengesezten Tafeln, wovon die eine Hälfte bis hieher noch nicht gefunden wurde. Herr **Schöpfelin** hat denselben ergänzet. Aus der Innschrift, welche auf dieser Tafel angebracht ist, kann man schließen, daß bei der Römischen Eintheilung in civitates, Ladenburg zu der civitas moguntiacensium oder Bürgerschaft von Mainz gehöret habe.

§. 10.

Man würde alle Gränzen einer Geschicht überschreiten, wenn man alle Denkmäler, welche aus der Epoche der Römer übrig sind, und noch täglich in und um Ladenburg entdekt werden, beschreiben wollte. Menschen, und Pferds-

D.D. NOSTRO rum Diocletiani &
MAXIMIANI. felicissimorum
AVGVSTORV m Constantii
ET MAXIMI ani Caesarum
CIVITAS MOG untiacensium
AVRELIO & A nnibalio coss.
Acta acad. Theod. Palat. Tom. I p. 183.

knochen in der nämlichen Grube, Pfeiler — Köcher — Beschläge von Harnischen — Römische Streitäxte — Münzen — Knochenstüke von kollosalischen Thiren, Urnen, und andere Merkwürdigkeiten, welche in dem Pfalzb. Museum o) beschrieben sind, werden häufig in und um Ladenburg herausgegraben — Hieraus läßt sich mit Gewißheit schließen, daß die Römer nicht nur einen flüchtigen Fuß herumschweifender Eroberer, sondern einen festen Wohnsiz ihrer Herrschaft in dieser Gegend gegründet hatten.

§. 11.

In den Zeiten der Karolingischen Könige war Ladenburg schon eine Hauptstadt, wovon das ganze Lobdengau seine Benennung erhielt. Die Namen: *pagus Lupodunensis*, *Lobdengowe*, *Lobodengowe*, *Lobotingowe*, *Lobodungowe*, *Lopodunova* kommen in der Geschichte häufig zum Vorscheine. In diesem Lobdengau, welches schon dazumal sehr viele Fleken, Dörfer, und Höfe in sich begriffen hatte, stand das berühmte Kloster Lorsch, von dem wir den codex tradit. Laurisheim. besizen,

---

o) 3. Band. 2. Heft. p. 185.

welcher sehr vieles Licht über die Geschichte unserer Gegend verbreitet — Pipin, Karl der Große, und andere Fränkische Könige haben in Ladenburg sehr viele Urkunden ausfertigen lassen — ein Beweis, daß sie ihren Aufenthalt in dieser Stadt gewählt hatten. Die Schwierigkeit, warum *Lupodunum*, welcher Name auf dem Schlußsteine des ohnlängst abgerissenen Schrießheimer Thores, welches wegen seines Alterthumes den Einsturz trohete, eingehauen ist, in Lupoburgum ausgeartet sei, wie man noch heute auf dem ältern Stadtsiegel wahrnimmt, ist leicht gehoben, wenn man weiß, daß die Franken, Burgunder, und Katten, welche die Römer aus dem Ostfranken vertrieben, ihre festen Pläze, und Erhöhungen nicht mit *dunum*, sondern mit *burgum* ausgedrukt haben. p) Die verschiedenen Benennungen, unter welchen Ladenburg vorkömmt, hatten ferner ihre Quellen in den verschiedenen Mundarten jener Völker, in deren Gewalt Ladenburg wechselweise gerathen ist —

---

p) *Augusta Vindelicorum* hieß Augsburgum — *regina Castra* reginosburgum — *argentoratum* — Straßburgum.

§. 12.

Diese Gegend war also die erste in Deutschland, wo die diken Wälder niedergehauen, die reisenden Thiere ausgerottet — Sümpfe ausgetroknet, mildere Sitten eingeführt, und Anlage zu allen Bequemlichkeiten des Lebens gemacht wurde—Man nannte diese reizenden Gefilde, die bezaubernde Bergkette, an deren Fuße sich die Bergstraße hinabschlängelt, die ergiebige Erde, und das gesunde Klima schon vor vielen Jahrhunderten, das kleine Italien. Joseph der zweite, welcher vor einigen Jahren diese Gegend besuchte, nannte sie den schönsten Garten, den je die Natur gebildet hat.

§. 13.

Die zweite Epoche von Ladenburg fängt mit der Zeit an, wo sich die Römische Herrschaft in Gallien geendiget hat — An unsern Ahnen, worunter man beinahe eben so viele Helden, als Männer und Jünglinge zählte, hat die Welt das traurigste Beispiel, daß Ueppigkeit, und lokende Wollüste auch ganze Nazionen vergiften — Abgehärtete Deutschen, die gewohnt waren, auf bloser Erde zu schlafen — die mit den Waffen in der Faust zum

Gottesdienste sowohl, als zu ihren übrigen Verrichtungen gingen, die ohne modische, oder künstliche Erziehung zu Männern herangewachsen sind, welche der stolze Römer anstaunte, wurden Weichlinge, und schlummerten unter fremder Herrschaft Jahrhunderte hin — Aber Hermann des Cherusker Fürsten Siegmars Sohn rief zum Aufruhr, sie ergrifen die Waffen wider die Räuber ihrer Freiheit, fochten von der glühendsten Vaterlandsliebe angefeuert, und sprengten die starken Fessel, in welche sie der Römische Despotismus geschmiedet hatte. König Klodowig, Childerichs Sohn machte der Herrschaft der Römer in Gallien, welche durch die Burgunder und Westgothen schon sehr eingeschränkt war, völlig ein Ende — Er ließ den Römischen Feldherrn hinrichten, und warf sich zum unumschränkten Gebieter von Gallien, und andern Ländern, welche zu Deutschland gehörten, auf Klodowig war der erste König, der sich zur christlichen Religion bekannte, deren heilige und allbeglükende Vorschriften er in vielen Stüken gar nicht befolgt hatte. — Er war ein Fürst voller Däke und Ränke, er schonte nichts,

nichts, um seinen einmal gefaßten Plan durchzusezen. Auch den boshaftesten Unternehmun-
gen mußte er den bästen Anstrich zu geben.
Wie wäre es sonst möglich, daß er von dem
Pabste den Ehrentitel des allerkrisilichsten,
auf den die Könige von Frankreich noch stolz
sind, begabt worden wäre? Die Begegnungen
gegen Allderich, und Aldegier Könige der
Allemannen karakterisiren Klodowich auf das
pünktlichste q).

§. 14.

Nun befanden sich alle Besizungen der Römer und Allemannen in der Gewalt der Fränkischen Könige, welche von Klodowich an auf
immer der kristlichen Religion zugethan waren — Es ist also keinem Zweifel unterworfen,
daß Ladenburg als die Hauptstadt des diesei-
tigen Galliens r) ebenfalls denselben zugehöre-
te — Man findet aber keine Spur in der Geschichte, daß Einer der Fränkischen Könige unmittel-
baren Einfluß auf Ladenburg hatte, bis auf Da-

q) Schröts allgemeine Weltgeschicht. III. Theil.

r) *Freheri* Commentar. de Lupoduno — Schannat.
Eccles. Wormat.

gobert den ersten — Die Freigebigkeit dieses Fürsten gegen die Kirche und Bischöffe gränzt beinahe an die Verschwendung. Die mehresten frommen Stiftungen aus den ältern Zeiten, welche in Ost- und Westfranken bestunden, und noch bestehen, haben Dagobert ihren Ursprung zu verdanken — in Strasburg, Kronweisenburg, Alingenmünster, Landau, Speyer, und Worms findet man noch Stifter von Dagobert — Auch in Ladenburg, als einer der vornehmsten Städte seines Reiches errichtete er unverwesliche Denkmäler seiner Frömmigkeit. Er verschenkte die Stadt samt Gebäuden, Leibeignen, Weingärten, Aekern, Wiesen, und Heiden nebst dem Forste im Odenwalde der Hauptkirche zum Heil. Peter im Worms — Er behilt sich nichts vor, als die Steuer, und Grafschaft, oder die obere Gerichtsbarkeit, welches ohne Zweifel darum geschah, weil sich die Bischöffe dazumal noch nicht mit irrdischen Geschäften abgegeben haben. s) Diese königliche Schankung wur-

---

s) *Schannat* l. c. das Diplom wird im bischöflichen Archive zu Worms aufbewahret — auf diese Schankung von Dagobert berufen sich die Gesandten von Worms be nachher von mehreren Fränkischen Königen, und sogar von Kaiser Otto im Jahr 970 bestätigt, die Steur und Grafschaft aber blib ein Eigen zum der königlichen Gewald; bis Heinrich der zweite, welcher der Kirche auf das wärmste zugethan war, i. J. 1011 dem Domstifte von Worms, auch die obere Gerichtsbarkeit geschenkt, und den Bischoff Bernhard mit der Grafschaft Lobdengau samt allen Zugehörden, belehnt hat t).

§. 15.

Dagobert soll eine Stiftskirche in Ladenburg errichtet haben, die er mit reichen Einkünften, und Pfründen versehen hatte — allein dazu hat man weder Beweise noch Urkunden — In einem einzigen Lorscher Diplome vom Jahr 788 wird einer Kirche in Lobetdenburg u) ge-

---

 Worms auf dem Kongresse zu Heilbronn 1667 wo Kurmainz, Worms, und Würtemberg gegen Kurpfalz wegen des Wildfangsrechtes im Ottenwalde agirten. Justitia causae Palat.

t) Widders geographische Beschreibung der Kurpfalz. 1. Theils 450.

u) Codex tradit. Laurish. Tom. p. 248.

dacht, welches nach allen Regeln der Kritik nicht von der Galluskirche, sondern von der Mauritiuskapelle, wovon man nur noch wenige Ruinen auf der Südseite der Stadt antrift, verstanden werden kann. Die Galluskirche hatte ehedessen 12 Altarpfründe, welche bis in die Reformationszeiten, wie man aus vielen Grabschriften wahrnimmt v) mit Altaristen besezt waren — von diesen 12 Pfründen sind noch 8 vorhanden, welche theils der Kirche selbst, theils der Kurfürstlichen Hofkammer, und geistlichen Gütherverwaltung zugehören — Die Häuser, welche um die Galluskirche gebaut sind, worunter sich auch ein reformirtes Pfarr- und Schulhaus befindet, werden noch bis auf den heutigen Tag die Häuser der Stiftsherrn genannt. Das wirkliche Gebäud, welches noch ganz nach dem gothischen Geschmake aufgeführt ist, wurde in dem Anfange des 15ten Jahrhun-

---

v) ANO DNI 1518 decima die octobris ☉ nobilis honorabilis Dnus HARTMANVS HEIRMECK capel. Altaris Sancte Katarine C9 ma requiescat in pace. ANNO DNJ 1531. 12 die aprilis obiit honorabilis Dnus Augustinus Faud cap. A. Sancti Georgii quiescat in pace.

derts von dem Bischoffe Johann von Fleienstein aufgerichtet, es hat zwei Thürne, und macht einen Majestätischen Anblik — Die Auffschriften, welche sich auf den beiden Thürnen befinden, beweisen, daß der östliche Thurn um w) 49 Jahre ehe er erbaut worden sei, als der westliche x) welches man auch aus dem älternden Anblike des erstern schließen kann. Von Dagobert ist übrigens noch merkwürdig, daß er sich meistens in unserer Gegend, und

B 3

w) AÑO DÑJ M. C. C. C. C. XII SEXTA DIE JUNII REVERENDVS

JN XTO PATER ET DÑS DÑS DE FLEIENSTEIN ELECTVS CONFIRMATVS WORMATIENSIS POSVIT PRIMVM LAPIDEM FABRICAE TVRRIS HVI9 ECCLESIAE JTHJC TEPORE JHJS DE BATTENBVRG PLEEAJ J 9 EDIS

Deutsch: Im Jahre des Herrn 1412 den 6ten Juny hat der hochwürdige Vater in Kristo und Herr Herr von Fleienstein erwählter und konfirmirter Bischof von Worms den ersten Stein zu diesem Gebäude und zum Thurne dieser Kirche gelegt, zu dieser Zeit war ein Herr von Battenburg Pfarrer in dieser Kirche.

x) M. CCCC. L. XI.

in dem heutigen Unterelsasse aufgehalten habe, wo man noch sehr viele Ruinen von Schlössern, Klöstern, Stiftern, und andern Gebäuden, deren ursprüngliche Erbauung man diesem Könige zuschreibt, antrift. Sein Name ist noch nach einem Jahrtausende in der ganzen Gegend in gesegnetem Andenken — Seine gränzenlose Freigebigkeit erstrekte sich nicht nur auf Kirche, Bischöffe, und andere geistliche Stiftungen, sondern auch auf seine Unterthanen, jede Gemeind im untern Elsaß rühmt sich, ungeheure Streke Waldungen samt dem Wildfangsrecht, die man die Kreite nennt, von ihm erhalten zu haben y). In Dagoklingen, einem Pfälzischen Orte ohnweit Landau, wel-

---

y) Das Original von Dagoberts Testamente soll noch in dem Stiftsarchive zu Kronweisenburg aufbewahret sein, allein der Kritiker muß sehr kurzsichtig sein, wenn er sich nicht bei dem ersten Anblike von der Unächtheit dieses Testaments überzeugen könnte, es ist höchstens ein Product aus dem 15ten Jahrhundert. Nichts desto weniger muß jeder Patriot den schlechten Zustand dieses Archivs, welches so viele wichtige Urkunden zur Aufklärung der vaterländischen Geschichte enthält, bedauren.

ches nun Göflingen heißt, soll Dagobert gestorben, und in der Stiftskirche zu Landau begraben sein.

§. 16.

Nun geräth man auf eine große Lüke in der Geschichte Ladenburgs; alle Urkunden schweigen, bis in das 12te Jahrhundert, wo die Herzoge des Rheinfrankens aus dem Hohenstaufischen Hause Epoche machten. Die Macht dieser Herzoge erreichte einen sehr hohen Grad, und wurde allen angränzenden Staaten furchtbar, und eben darum maßten sie sich die Kastenvogtei über die Stifter, und Klöster an — Einige Bischöffe, und Aebte haben ihnen den Schuz derselben freiwillig übertragen: Aus diesem Grunde übte Pfalzgraf Konrad die Gerichtsbarkeit über Ladenburg aus, und aus eben demselben behauptet Freher, Lehmann, und Töllner, daß die Pfalzgrafen bei Rhein, noch ehe Heidelberg gestanden, in Ladenburg ihr Hofgericht gehalten haben. In diesem Jahrhunderte glänzen einige Männer in der Geschichte Ladenburgs, welche glänzende Würden in Deutschland bekleidet hatten. Im Jahre 1150 war *Regembodo* von Lobdenburg ein vornehmer Dienstmann des Bischoffes von Speir — und *Arnoldus*, und sein Bruder Heinrich Dienstmänner bei der Hauptkirche zu Worms, deren Namen bei verschiedenen Unterhandlungen mit dem Abte von Schönau unterzeichnet sind. z)

§. 17.

In diesen Zeitläuften haben sich die schreklichsten Streitigkeiten zwischen den Bürgern der Klerisei, und dem Bischoffe von Worms entsponnen — Die Bürgerschaft von Worms empörte sich nicht selten gegen dieselbe, wo sie sich immer außer Worms flüchten mußten, um der Wuth des aufgebrachten Pöbels zu entgehen — Bei solchen Aufruhren flüchteten sich die Bischöffe mit ihrer Klerisei meistens nach Ladenburg. Den großen Bischoff Johann Kämmerer von Dalberg, welcher 1486 zu dieser Würde erhoben wurde, traf das nämliche Schiksal. Fortdaurender Aufruhr der Wormser entfernte ihn von seinem ihm eigenen Bischoffsize — Die paradiesische Gegend, das gedeilige Klima und die herr-

---

z) *Gudenus* Sylloge. illust. vir. p. 10 & 12.

liche Lage Ladenburgs reizte ihn in dieser Stadt Hofe zu halten. Er nahm seinen Siz in dem sogenannten königlichen Pallaste, den man den Saal nannte, und dessen ursprüngliche Erbauung man einigen Fränkischen Königen zuschreibt. Dalberg war vor seiner Erhöhung zum Bischoffe Kanzler des Kurfürsten Philipps des Aufrichtigen, welche Würde er auch als Bischoff beibehalten hat. Dieser Bischoff war einer der größten, den Deutschland in seinen Jahrbüchern aufweisen kann — Der Pfalz gab er als Kanzler die aufrichtigsten Beweise seiner Treue, und Ergebenheit — Er war der erste, der die Roheit und Barbarei von der hohen Schule zu Heidelberg verbannte, und Künste und Wissenschaften auf einen hohen Grad der Vollkommenheit emporbrachte — Durch ihn wurde Heidelberg der Sammelplaz aller grosen Geister Deutschlandes. Philipp, dessen Vertrauter er war, war eben der größte Beförderer der Wissenschaften — er verwendete königliche Summen, um die Lehrstühle seiner Universität mit Gelehrten vom ersten Range zu besezen — Unter diesen grosen Männern, und Beförderern der Wissenschaften in Deutschland verdienen vorzüglich ein ewiges Andenken Rudolph Agrikola, der Lehrer und Führer des großen Dalbergs, Oekolampadius, Johann Reichlin, der Abt Trithemius Jakob Wimpfeling, u. a. m. Die berühmte Pfälzische Büchersammlung, welche unter den Nachfolgern Philipps zu der berühmtesten in der Welt angewachsen ist, nahm unter Dalberg ihren Anfang. Alle vortrefliche Werke in Deutschland und Italien wurden aufgesucht, und nach Heidelberg gebracht — Die bischöffliche Bibliothek selbst in Ladenburg, worunter sich eine kostbare Sammlung Lorscher Manuscripte befand, wurde der Heidelberger einverleibt — Dalberg verband mit den tiefsten Kenntnissen in jedem Fache der Wissenschaften den edelsten Karakter, laut pochendes Gefühl für alles, was ihm Pflicht und Religion gebot — Klugheit bei jeder Unternehmung — Wärme für das Glük der Menschheit adelten denselben mehr, als seine langen Ahnenreihen. *Trithemius* ein gleichzeitiger Schriftsteller a) macht die erhabensten Lobsprüche von ihm und

---

a) In der Dedication des Werkes de Scriptoribus ecclesiast.

Wimpfeling b) deſſen eigene Worte hier angeführt werden, ſchildert ſeinen Ruhm mit außerordentlichen Farben: Dalberg, ſchreibt er, der große Biſchoff von Worms hat in der Litteratur keinen ſeines gleichen; Er iſt die Ehre der Deutſchen, die Zierde ſeiner Familie, und der Mann, auf den Philipp der Kurfürſt mit Recht ſtolz war. Man nennt ihn billig das Muſter der Biſchöffe, und ſeine außerordentliche Gelehrſamkeit, ſeine großen Tugenden mit denen er überall hervorleuchtet, ſind Beweiſe, daß er noch zu höhern Würden gebohren iſt — Dalbergs vortrefliches Werk de re monetaria — ſeine Gedichte, und Gelegenheitsreden ſind heute noch in hohem Werthe. Unter dieſem Biſchoffe wurde Petrus *Bolandus* im Jahre 1495 von Schriesheim nach Ladenburg ſeinen Geburtsort als Pfarrer berufen, ein abermaliger Beweiß, wie ſehr Dalberg die Wiſſenſchaften zu ſchäzen wußte.

§. 18.

Bollandus war ein Mann, der mit den größten Gelehrten ſeiner Zeit wetteiferte. Tri-

---
b) Cap. XXV Iſidonei.

thenſius c) ſpricht mit ſeltenem Ruhme von ihm; er beſaß die ausgebreiteſten Kenntniſſe — er hatte es in jedem Fache der Wiſſenſchaften, beſonders aber in der Philoſophie, Mathematik, und Theologie ſehr weit gebracht. Botland hatte ebenfalls hohe Kenntniſſe in der Dicht- und Redekunſt erreicht u. ſ. w. Daß Johann von Dalberg ſehr vieles zur Verſchönerung der Stadt, und Erhöhung des gottesdienſtlichen Prachtes beigetragen habe, läßt ſich ſchon aus der herrlichen Gloke ſchließen, welche unter ſeiner Regierung für die Galluskirche gegoſſen wurde. d)

---

c) De viris illuſtribus p. 127.

d) Die Inſchrift dieſer Gloke am obern Rande.
SANCT ⸾ GALLEN ⸾ GLOCK ⸾ BIN ⸾ ICH ⸾ GENANT ⸾ UND ⸾ UZGESPROSSEN ⸾ PETER ⸾ ZOR ⸾ GLOCKENM. ⸾ ZU ⸾ SPIER ⸾ HAT ⸾ MICH ⸾ GEGOSSEN. ⸾

§. 19.

Verschiedene Briefe mit Urkunden von den Bischöffen Diedrich, und Philipp sind in Ladenburg ausgefertigt. — Der Bischoffsaal der wirklich noch vorhanden ist, die Bildnisse der Bischöffe, welche man vor kurzem noch in demselben sah, verschiedene ihrer Wappen, und Inschriften, sind überzeugende Beweise, daß die Bischöffe von Worms lange Zeit in Ladenburg ihren Siz hatten. — Unter den Inschriften zeichnet sich besonders jene aus, worauf die Name *Georgii* von Mergentheim — und *Wilhelmi* von Bernichingen mit der Jahrzal MCC.CC ausgehauen sind — Auf der linken Seite dieses Monumentes liest man die Innschrift. *Georgius Dei gratia Episcopus*

Am untern Rande.

IN ✝ DEM ✝ IAR ✝ DES ✝ HERREN ✝
[[[[✝ I] ✝ UZCEFLOSSEN ✝ UF ✝ AP-
PLOS ✝ UND ✝ GENAD ✝ DES ✝ HOCH-
WIRDIGEN ✝ BISCHOF ✝ UND ✝ HERRN ✝
HER ✝ HANSEN ✝ ZO ✝ WORMTZ ✝
HANZ ✝ MELCHER ✝ UND ✝ PETER ✝
SAUR ✝ KIRCHENMEISTER ✝ : ✠

Wormatiensis — Wilhelmus Dei gratia electus & confirmatus Episcopus Wormatiensis. Am Eingange der Schnekenstiege stehen die Verse.

Principe Vangionum Guilielmo Sceptra tenente

Sicque volente struor commodiore gradu e)

Hier sind ebenfalls die Namen *Effern, Metternich, Merade, Ketzge* mit ihren Familienwappen ausgehauen, welche als Bischöffe von Worms hier Hof hielten. Einige Bischöffe liegen in der Sebastianus, oder in der ehemaligen Schloßkirche begraben.

§. 20.

In der Epoche, wo die Reichsstände anfingen die reichen Besizungen der Bischöffe, und Klöster mit neidigen Augen anzusehen, findet man eine Kette der grellsten Abwechselungen der Grundherrschaften Ladenburgs. Graf Wallram von Spanheim, dem die Hälfte der Stadt versezt war, gerieth mit dem

---

e) Unter der Regierung Willhelms des Bischoffes von Worms und auf dessen Befehl wurde diese Stiege bequemer gebaut.

Bischoffe Salamann in eine Fehde, welche
endlich unter dieser Bedingniß geendigt wurde, daß dem Grafen die Hälfte von Ladenburg
und des Schlosses Stein um 23000 Florenzer
Gulden Pfandweiß eingeräumt wurde. Kaum
waren diese Unruhen in Ladenburg gestillt, so
wurde der eroberte Antheil in einer gerech-
ten, und angekündigten Fehde, wie die
Urkunde sagt, dem Grafen von Spanheim,
von einigen Rittern, und Edelknechten abge-
nommen, und an den Pfalzgrafen Ruprecht
den ältern, den Stifter der hohen Schule zu
Heidelberg um 600 Florenzer Gulden verkauft
— Im J. 1386 stellte der Graf von Spanheim
selbst dem Kurfürsten eine Urkunde für 21000
fl. auf Wiederlösung aus, in welcher er demselben seine Rechte auf Ladenburg abgetretten
hat — In dieser Zeit wurde der Glanz der
Stadt bald erhöht, bald verdunkelt — Stelle
man sich auf einer Seite die Residenz eines
Bischoffes mit seiner hohen und niedern Geistlichkeit, mit einem zahlreichen Adel, und dem
Zusammenflusse von Menschen aus allen Stän-
den vor, auf der andern Seite aber die grau-
samsten Kriege der verbittersten Feinde, wovon

Ladenburg meistens der Schauplaz war — und man wird leicht auf den Wechsel der Schiksale der Stadt schließen können.

§. 21.

Die Hälfte von Ladenburg blieb indessen allzeit in den Händen der Pfalzgrafen, bis Pfalzgraf Philipp im J. 1505 seinen halben Theil an den Bischoff von Worms auf Wiederlösung verkauft hatte. Allein Kurfürst Fridrich der III brachte diesen Theil durch Zurükbezahlung der geliehenen Summe wieder an sich, nahm die St. Galluskirche in Besiz, führte in Ladenburg das von ihm angenommene helvetische Glaubensbekenntniß ein, und besezte Ladenburg mit einem Superintentenden, welcher Johann Silvan hieß — Dieser Silvan ist ein Mann, welcher in der Religionsgeschichte der Pfälzer sehr merkwürdig ist. In dem Krisis des helvetischen Glaubensbekenntnisses verfiel Silvan auf arianische Grundsäze, und ließ sich mit Adam Neisser einem reformirten Prediger zu St. Peter in Heidelberg in einen geheimen Komplot wider die Kristenheit ein — Da man seine Schriften durchsuchte, fand man eine Abhandlung von ihm unter dem

dem Titel: wider den dreipersönlichen Abgott, und zwei Naturten Gözen, und in der Inquisition sein Einverständniß mit Neußer, welcher sogar die Türken mit ins Spiel zog; das erste war eine Gottesläſterung, und das leztere eine politische Verrätherei, deswegen wurde Silvan am 23ten Dezemb. 1572 auf dem öffentlichen Markte zu Heidelberg enthauptet. f)

§. 22.

Nun brachen traurige Zeiten für Ladenburg herein — die Reformation war die Quelle unzählbarer Uebel für diese Stadt. Ein Theil der Bürger nahm dieselbe an, der andere aber verwarf sie. Was war natürlicher, als daß dieselben mit einander in Kollision geriethen, die in die blutigsten Fehden ausbrachen. Es entstanden oft die wildesten Empörungen, wobei ein Burger den andern aufrieb — Die Köpfe waren durch unsinnigen Religionseifer so sehr erhizt, daß das Kind seines Vaters nicht schonte. — Obschon Ladenburg dadurch ein Schauplaz des Elendes, und der tragischen

---

f) Struv. Kurpf. Kirchenhiſtorie. Frankf. 1728 p. 214 bis 229.

Auftritte geworden war, so hatte dennoch die Annahme der Böhmischen Krone von Kurfürsten Fridrich dem V weit schrekbarere Folgen für Ladenburg sowohl, als für die ganze Pfalz.

§. 23.

Die Böhmen erregten einen Aufruhr wider ihren König, den Kaiser Ferdinand den zweiten aus dem Hause Oestreich; sie nahmen demselbem die Böhmische Krone, und trugen sie Fridrich dem V im J. 1619 an, Fridrich nahm dieselbe auf Zureden seiner Gemahlin Elisabeth der einzigen Tochter Jakobs des Königs in England an. Er wurde am vierten Wintermonat des vorbesagten Jahres zu Prag feierlich als König von Böhmen gekrönt — Hier öffnete sich der traurigste Zeitpunkt für die Pfalz. Schon lange hatte die Eifersucht einiger großen Mädte in Deutschland, und die warme Anhänglichkeit Fridrichs an die helvetische Glaubenslehre Flammen angezündet, welche bei dieser Gelegenheit in voller Wuth ausbrachen — Ferdinand eilte mit seiner ganzen Macht vor Prag, schlug Fridrich auf das Haupt, raubte ihm die Böhmische Krone, und zwang ihn sich mit den seinigen nach Holland zu flüchten. Unterdessen brachen die Bajern und Spanier in die Pfalz ein, und richteten allenthalben die traurigsten Verherungen an — Gleich im Anfange des 30jährigen Krieges nahm Tilli der Bajerische Feldherr Ladenburg ein — Dieser feindliche Heersführer war eine große Geisel für die Bürgerschaft. Er trieb zwar niemand von seinen Besizungen, schonte der Stadt mit Feuer und Verherung, aber die Burger mußten beinahe unerschwingliche Summen Kriegssteuer entrichten; sie wurden mit Frohnen, und mit der Herbeischaffung des Kriegsvorrathes hart mitgenommen, und wer sich nur zu widersezen schien, wurde ohne Rüksicht ein Opfer feindlicher Strenge — Auf einmal schien ihr Schiksal erträglicher zu werden, Mannsfeld der Anführer der Pfälzer vertrieb die Bajern aus Ladenburg sowohl, als aus vielen andern Pfälzischen Oertern, da er dieselben bei Mingoldsheim einem Speirischen Dorfe zwischen Heidelberg und Bruchsal geschlagen hatte. Adolph von Eineden ein Spanischer Feldherr, welcher Ladenburg besezt hatte, widersezte sich zwar dem Mannsfeld mit verzweifeltem Muthe. Allein Mannsfeld nahm 16 Tage nach dem Siege bei Mingoldsheim die Vestung mit Sturme ein, welchem Fridrich der 5te, der sich wegen des Schuzes der Schweden aus Holland wieder in seine Staaten begeben hatte, selbst beiwohnte. Die ganze Besazung wurde niedergehauen, und aller Kriegsvorrath der Bajern, und Spanier, welche in Ladenburg große Magazine angelegt hatten, erbeutet. Nun sollte sich die gedrukte Bürgerschaft einigermaßen erholen, aber Mannsfeld drukte sie weit erschröklicher, als der Feind selbst — Die Bürger wurden unmenschlich behandelt, das Schloß niedergeworfen, die Stadtmauern geschleift, und viele schöne Gebäude, welche das Loos traf, in Steinhaufen verwandelt. Alle Nachrichten versichern, daß niemal grausamere Feinde in der Stadt gewütet haben — Nicht lange darauf eroberten die vereinigten Spanier, und Bajern Ladenburg wieder, und behielten es so lange in Besize, bis Gustav Adolph der Schweden König die Stadt samt der ganzen Bergstraße im J. 1631 in Besiz nahm g) Im

---

g) Pareus hist. palat. lib. VI. sect. 3.

Jahre 1644 rükten abermal ungesättigte Feinde in die Stadt, — die Franzosen bemeisterten sich derselben, und erpreßten bei Anrükung der Bajern, welches im nämlichen Jahre und Monate geschah, unerschwingliche Summen — Die Bürger befanden sich hier in der erschröklichsten Lage — nachdem sie ganz erschöpft waren, und nichts mehr zum eigenen Genusse übrig hatten, so schlug Marschall von Turenne eine Schiffsbrüke über den Neker, und vereinigte sich mit den Schweden, und Hessen.

§. 24.

Diesen tragischen Begebenheiten wurde zwar durch den Westphälischen Frieden ein Ende gemacht — Kurfürst Karl Ludwig kam wieder zu seiner Hälfte von Ladenburg, aber schon im J. 1661 entsponnen sich neue Zwistigkeiten, die neues Unglük über die Stadt, die noch allerdings in ihrem Schutte lag, hereinführten — Hugo Eberhard Bischoff von Worms wollte sein vermeintes Wiederlösungsrecht ausüben — Er suchte es auf allerlei Art durchzusezen, aber Karl Ludwig vereitelte immer seine Plane. Der Kurfürst ließ die östliche Stadtmauren, die kaum wieder einigermaſſen aufgeführt waren, niederreiſſen, der Biſchoff aber eine Lothringiſche Beſazung in die Stadt einrüken — Die Bürger hatten ſich noch nicht erholt, und mußten wieder fremde Truppen unterhalten. Der Biſchoff wandte ſich an den Reichshofrath und der Kurfürſt an die allgemeine Reichsverſammlung, die ganze Rechtsſache wurde mit der größten Verbitterung betrieben, und die beiden hohen Reichsgerichte faßten Schlüſſe ab, die einander widerſprachen.

§. 25.

Bald darauf erloſch die Simmeriſche Linie, und der Orleaniſche Succeſſionskrieg brach in vollen Flammen aus — Der Prozeß zwiſchen dem Kurfürſten und Biſchoffe gerieth zwar in Stokung, aber das Schikſal Ladenburgs war abermal traurig, indem es ſeinen Antheil an der Franzöſiſchen Zeche 1693 bezahlen mußte — Die Stadt wurde geplündert, und über die Hälfte davon in Aſche verwandelt. Man flehete um Schonung des Hoſpitals, aber umſonſt! es wurde verhert. Nur der Galluskirche, und der Häuſer der Chorherrn wurde geſchont, weil ſie die Bürer als Stiftungen eines Fränkischen Königs angaben; die Geschichte giebt keinen Aufschluß, ob sie aus Verzweiflung oder aus Unerfahrenheit, auf den Gedanken gerathen sind: ihre Aussagen durch die Lilien eine Art von Wahrscheinlichkeit zu geben, welche mit Gothischen Zügen auf den Gloken angebracht sind. Allein wer nur oberflächliche Kenntnisse von der Wappenkunde besizt, ist beim ersten Anblike überzeugt, daß diese Lilien keine andere waren, als das Dalbergische Geschlechtswappen. Es ist schon oben gezeigt, daß unter Johann Kämmerer von Dalberg diese Gloken gegossen wurden. Aber wem muß nicht ein glüklicher Irrthum gefallen, der so unseligen Verherungen vorgebogen hat? h)

§. 26.

Kaum war der Orleanische Krieg geendiget, so wurden ebenfalls alle Zwistigkeiten zwischen Kurpfalz und dem Bischoffe von Worms,

---

h) Bei dieser Verherung wurde das städtische Archiv ausgeleert, die Schriften auf die Straßen geworfen, und den Pferden vorgestreut — ein Verlust, der nicht mehr zu ersezen ist.

welcher ein Bruder des Kurfürsten war l) gehoben — Die Stadt Ladenburg wurde samt
den Dörfern Nekarhausen, Altenbach, Rin-
ges, und Heubach mit allen Oberherrlichkei-
ten, und Gerechtsamen auf ewig erb- und ei-
genthümlich an Kurpfalz abgetretten k). Das
Domkapitel von Worms behielt nur einen Theil
des großen Zehnden samt einigen unbedeu-
tenden Gefällen in Ladenburg, worüber ein besonderer Schaffner unter dem bisherigen Titel eines Domkapitularischen Amtmanns
in der Stadt angestellt ist. Von nun an stand
Ladenburg bis auf den heutigen Tag unter
dem wohlthätigen Szepter des Pfälzischen Kur-
hauses.

§. 27.

Der zahlreiche Adel, welcher in dem mit-
lern Zeitalter in Ladenburg wohnte, ihre Pal-
läste und reichen Besizungen, die zum Theile

---

i) Dieser Bischoff erbaute noch den großen Thor-
bogen an der Einfahrt in den Bischoffshof — daher ist das Pfälzische und Bischöfliche Wappen
auf dem Schlußsteine desselben ausgehauen.

k) *Lynigius* Spec. eccles. p. II p. 331. Wibder
l. c.

noch vorhanden sind, sind abermal Beweise, daß Ladenburg eine der glänzendsten Städte Deutschlandes war. — Die uralten Familien Bettendorff, Bozheim, Hirschberg, Ulkner, Kronenberg, und Sikingen hatten weitschichtige Güter in Ladenburg, die aber nach und nach in fremde Hände gerathen sind. — Das Kronenberger freiadeliche Gut gehört dem Freiherrn von Sturmfeder, das Domkapitel von Speir hatte dasselbe lange in Besze, aber durch ein Urtheil vom Reichshofrathe wurde es den Freiherrn von Sturmfeder, welche ihre Ansprüche glüklich durchsezten, eingeräumt. — Das Sikingische Gut gehört dem Kurpfälzischen geheimem Rathe von *Mantbuisson*, welcher es vor einigen Jahren für 24000 fl. an sich gekauft hat. Die Freiherrn von Huntheim sind im Besze der Bozheimischen Güter. Die Bettendorfischen wurden theils den Kronenburgischen einverleibt, wie man auf einer Inschrift am Eingange in den Sturmfeberischen Hof liest.1) Der größte Theil derselben aber

---

1) Im Jahr nach der seligmachenden Geburt unsers Erlösers Jesu Kristi eintausend, fünfhundert achtzig

kam durch einen Kauf an die Nonnen von Porzheim von diesen an die Jesuiten von Mannheim, nun aber haben es die Lazaristen in Besitze, welchen alle Jesuiter Güter in der Pfalz vor 9 Jahren übergeben wurden. Unter die Freiheiten, welche den adelichen Höfen eigen sind, gehört die kleine Jagd, welche nach und nach auf viele Höfe, Aemter, und Güter

zig sechs ward durch den Edlen gestrengen, und vesten Hartmutten von Kronberg dem ältern Kurfürstlichen Mainzischen Rath Großhofmeister und Amtmann zu Höchst und Hoffheim diese Behausung, damals der Wettendorfer Hof genannt, erkauft und hernach durch mich Hans Bögen von Kronberg seinen Sohn mit zu thun meiner geliebten Hausfrauen Anna Margaretha gebornen Cemmerin von Worms genannt von Dalberg zum Theil erneuert, und theils aus dem Grund, wie vor Augen steht, aufgeführt, auch inwendig als außerhalb der Stadt mit Lust, und nützlichen Gärten, mit sonderm Fleiß gezieret — und im Jahr Tausend sechs hundert fünf durch Segen Gottes allerdings vollendet. Der Allmächtig woll uns beiden Eheleuten ein seliges End, und mit den verstorbenen ein frölich Ufferstehung gnädiglich verleihen — Dieses nunmehr Cronbergische Wesen auch vor Unglük und allem Uebel bewahren.

ausgedehnt wurde, nun aber durch ein Kurfürstliches Rescript zu ihrer ursprünglichen Verfassung verwiesen worden ist. Der Adel in Ladenburg widersezte sich lange Zeit Beiträge an Kriegssteuern zu entrichten, aber derselbe wurde durch einen Kurfürstlichen Befehl angehalten, seinen Antheil nachzuzahlen, welcher vor kurzer Zeit erst vollzogen wurde.

§. 28.

Die Stadtgräben, Thürne, Mauren, und andere Vestungswerker sind Ueberbleibsel aus dem mittlern Zeitalter, wo man noch kein Feuergeschüz hatte — Die Stadt ist mit 7 hohen Thürnen umgeben, unter welchen der Hexen- oder Diebsthurn auf der Nordseite merkwürdig ist — es ist ein Denkmal aus den Zeiten des Faustrechts, wo man beinahe so viele Räuber, als Ritter zählte. Dieser Thurn diente auch zum Gefängnisse der Hexen und Zauberer, welche in den finstern Zeiten häufig zum Vorscheine kamen, wo man jede Würkung der Natur, die man nicht begriffen hat, für Zauberei hielt — Er ist nach dem nämlichen Moveste gebaut, wie jener zu Oppenheim, Weinheim m) Krobsberg und Stralenburg.

§. 29.

Neben diesem Thurne ist der Martinsthurn, wo das Bildniß des heiligen Martins auf einem Pferde, in einer Höhlung in Mannsgrösse ausgehauen ist, welcher seinen Mantel theilt, und die Hälfte einem knienden Bettler darreicht — Wenn man von dieser Statue auf den herrschenden Geschmak damaliger Zeiten schlöße, so wäre es eine Epoche gewesen, wo die Künste und Wissenschaften in tiefer Roheit lagen — An diesem Thurne nimmt man noch deutlich die Spuren des Spanischen und Bas-

---

m) Bekannt ist es, daß die Hexenthürne ihren Eingang nicht auf der Ebene, sondern in einer kleinen Erhöhung hatten; weil sich nach der herrschenden Volksmeinung die Hexen flüchten konnten, wenn sie die Erde berührten — In Weinheim ist neben dem Hexenthurn ohngefähr eine Ruthe entfernt, noch ein anderer Thurn aufgeführt, und ohngefähr 40 Französische Schuh hoch — unmittelbar unter dem Dache ist die Oeffnung des Hexenthurns angebracht; wo der Delinquent auf einer Brüke aus einem Thurn in den andern gelassen wurde, worauf man die Brüke abgezogen hat.

rischen Geschützes wahr — in einer kleinen Entfernung befinden sich die Ruinen der Martinskirche, welche ebenfalls von den Spaniern verheret wurde — Die alten Mauern, die verschiedenen Fundamente, die Gelage von Ziegelsteinen, und steinerne Särge n) welche man auf den umliegenden Feldern herausgräbt, lassen vermuthen, daß in dieser Gegend eine Vorstadt gewesen sei, in welcher der Fischmarkt gehalten wurde. o) Die reformirten und lutherischen Religionsverwandten haben bei der Martinskirche mit den katholischen Beisassen ihr Begräbniß; die katholischen Bürger werden mitten in der Stadt auf dem Galluskirchhofe begraben. Die katholische Bürgerschaft würde sich ein ewiges Denkmal ihrer richtigen und vorurtheilfreien Gesinnungen aufrichten, wenn auch sie sich entschlöße, ihre Ruhestätte

---

n) Vor ohngefähr 30 Jahren wurde an der Thürschwelle der Martinskirche zur Nachtszeit ein steinerner Sarg herausgegraben, vermuthlich von Leuten, deren Phantasie von Träumereien an verborgene Schätze erhizt war.

o) In Landau, Speier, Worms und Heidelberg liegen auf den Fischmärkten eben solche Särge.

außerhalb der Stadt bei ihren übrigen Brüdern zu wählen! Die reine Luft, in der Stadt sowohl als in der Kirche, würde sie für diese im Grunde nichts bedeutende Aufopferung sicher entschädigen. Und welche Ehre, wenn dieselbe, in solchen edeln Einrichtungen andern deutschen Gemeinden als Muster aufgestellt würde? — Auf der nämlichen Seite ohngefähr eine Viertelmeile von der Stadt liegt das eingegangene Dorf Zaisenheim, von dem noch täglich häufige Ruinen herausgegraben werden. Auf der West- und Südseite findet man ebenfalls lange Strecken von alten Mauren, welche vermuthlich Vorstädte waren. Unter diesen zeichnen sich die Ueberbleibsel der Mauritiuskapelle aus, von welcher in dem codice trad. Laurish. Meldung geschieht, und eine Stiftung des Fränkischen König Dagoberts sein soll.

§. 30.

In der Stadt selbst findet der Kenner häufige Ueberbleibsel aus dem grauen Alterthume, welche ihm Stoff zu wichtigen Betrachtungen darreichen. In dem sogenannten Rindgauviertel ist ein merkwürdiger Schlußstein an dem Bogen einer Gartenthüre mit einer Inschrift angebracht p) welcher auf die Vermuthung führt, daß einstens an diesem Orte eine fromme Stiftung gewesen sei.— Auf diesem Steine ist das Bildniß der seligsten Jungfrau Maria mit dem Kinde Jesu in den Armen ausgehauen — Die Geschichte giebt keinen aufschluß, von was für einer Art die Stiftung gewesen sei. Nach den mündlichen Ueberlieferungen der Bürger war hier ein Nonnenkloster. Der Brunnen, der sich in der nämlichen Gegend befindet, heißt noch auf den heutigen Tag der Nonnenbrunnen, welches dieser Aussage einige Wahrscheinlichkeit giebt. — Dieser Ort war ehedessen der katholische Pfarrgarten, nun aber ist er das Eigenthum eines Bürgers, welcher denselben an sich gekauft hat, man hat auf diesem Plaze unterirrdische Gewölber entdekt, und aus dem Schutte verschiedene Kirchengefäße und Silbermünzen herausgegraben — Die Mei-

---

p) Anno DOMINJ M C. C. C. XXVIII Dominus de BATTENBVRG PIAE MATRI MARIAE FECIT HOC OPVS.

Deutsch: Im Jahre des Herrn 1328 hat der Herr von Battenburg der gütigen Mutter Maria zu Ehren dieses Werk aufgeführt.

nung, daß ehemals Tempelherrn in Ladenburg gewohnt haben, hält gar keine Kritik aus,
obschon einige Häuser ausdrüklich für ehemalige Wohnungen dieser Geistlichen angegeben
werden.

§. 31.

Beinahe in jedem Jahrhundert erzeugte
Ladenburg große Männer; Stephan Hoest
ein Domherr von Speir, welcher im 15ten
Jahrhundert zu Ladenburg gebohren war,
macht seiner Vaterstadt Ehre — Fridrich der
Siegreiche, welcher sich durch seine Siege,
Klugheit, Menschenliebe, und Gottesfurcht
in den Jahrbüchern der Pfälzer verewiget hat,
berief ihn als Hofprediger nach Heidelberg —
Hoest hatte sich durch seine hinreissende Be-
redsamkeit durch sein theilnehmendes Gefühl
an dem Leiden der Menschheit, durch uner-
müdeten Unterricht, und durch die Grundsäze,
so er an Fridrichshof anpflanzte, einen unsterblichen Ruhm erworben. Trithemius malt
seinen Karakter mit den herrlichsten Farben,
er starb im Jahre 1471 zu Heidelberg, und
hinterließ den unsterblichen Ruhm eines
Men-

Menschenfreundes und eines frommen Priesters q).

§. 32.

Im vorigen Jahrhundert befand sich eine blühende Buchdrukerei in Ladenburg, von welcher man noch einige kostbare Werke aufzuweisen hat. r)

§. 33.

In dem Kreiße einer halben Meile um Ladenburg sind einige Höfe welche wegen ihrer

---

q) Stephanns Hoest de Laudenburg canonicus spirensis ecclesiae, ac verbi divini in arce Heidelbergensi Praedicator facundus, obiit 1471 Trith. in cat. illust. vir.

Deutsch: Stephan Hoest von Ladenburg Domherr von Speir und berühmter Hofprediger zu Heidelberg starb im Jahre 1471.

r) De re monetaria veterum Romanorum, & hodierni apud Germanos imperii libri duo Marquardi Freheri consiliarii Palatini. Nicolai Oresmii episcopi Lexoviensis de origine & potestate nec non de mutatione monetarum, cum succincto tractatu ejusdem argumenti — Gabrielis Byel, & notis in utrumque locupletissimis lubduni apud Gotthardum Vogelinum CI. ƆIƆCV in 4.

D

reizenden Lage, und ursprünglichen Einrichtung ohne Zweifel Römische Landhäuser waren. Der Rosenhof, welcher hart an dem Römischen Badhause, und an der Landstrasse nach Heidelberg liegt, gehört zu der Ladenburger Gerichtsbarkeit, und ist das Eigenthum des Kurpf. Kirchenrathes Herrn Scheid — Der Strassenheimer Hof gegen Norden, welcher ein Filialort von Ladenburg ist, gehört größtentheils dem Kurpf. geheimem Rathe Babo und der Freifrau von Lasser — Schwabenheim, welches die Lazaristen von Heidelberg, und andere Privatleute besitzen, ist der Gerichtsbarkeit des Oberamtes von Ladenburg untergeordnet.

§. 34.

Die neueste Epoche von Ladenburg ist eigentlich die merkwürdigste — sie fängt von den Zeiten der Reformation an, enthält nicht nur die Kirchengeschichte von Ladenburg, sondern auch dessen politische Verfassung, Produkte, Kommerz, Freiheiten, Gebräuche, überhaupt alles, was unter seinem wirklichen Zustande begriffen ist.

§. 35.

Der kirchliche Zustand von Ladenburg ist beinahe der nämliche, wie jener von der ganzen Pfalz — Unter der Regierung Ludwigs des Friedfertigen, dem von seinen friedliebenden und menschenfreundlichen Gesinnungen dieser ruhmvolle Beiname beigelegt worden ist, wurde der Grund zu der Reformation gelegt, welche die Quelle unübersehbarer Unruhen und der grellsten Religionsänderungen in der Pfalz war. Ludwig beherrschte die Pfalz, da Luther öffentlich in Heidelberg disputirte s) welches eigentlich der erste Keim zu der Reformation in Deutschland war. Im Jahr 1544 starb Ludwig, ohne sich von der katholischen Kirche getrennt zu haben.

§. 36.

Fridrich der Weise übernahm den Szepter der Pfälzer, und bekannte sich öffentlich mit seinen meisten Unterthanen zur Lutheri-

---

s) Das Augustinerkloster zu Heidelberg, worin Luther verschiedene Säze wider den Ablaß vertheidigt hat, wurde von Fridrich dem dritten in ein Collegium sapientiae verändert, welches den Reformirten zugehört.

schen Lehre. Die Abänderung der Religion, der Beitritt zum Schmalkaldischen Bunde häuften unselige Schiksale über diesen Fürsten. Er mußte bei dem Kaiser zu Schwäbischhalle fußfällig um Vergebung bitten, und dem Schmalkaldischen Bunde entsagen. Fridrich nahm das sogenannte Interim an, willigte in den Kirchenrath zu Trient, und suchte durch sein weises Betragen alle Stürme von seinen Ländern zu entfernen, Fridrich starb nach einer zwölfjährigen Regierung 1556.

§. 37.

Otto Heinrich gelangte zur Kurwürde, der sich gar nicht an die weisen Maßregeln seines Vorfahrers hielt — Gleich beim Antritte seiner Regierung vollbrachte er die Einführung des Lutherthums in seinen Ländern, welche Fridrich angefangen hatte — Er schaffte das Meßopfer ab, entfernte die Bildnisse der Heiligen aus den Kirchen, und ließ eine Kirchenordnung in deutscher Sprache abfassen, welche auch in Ladenburg, doch mit besonderer Einschränkung des Bischoffes von Worms eingeführt wurde.

§. 38.

Allein Fridrich der dritte aus dem Hause Simmern war es, der alles wagte, um den Religionszustand in Ladenburg ganz umzuschaffen — Er brachte es auch so weit, daß der Heidelberger Katechismus, welcher auf seinen Befehl von Bosquinus, Tremelius, Urſinus, und Olevianus verfertiget wurde, vom Jahre 1563 bis gegen das Ende des Jahres 1622 das öffentliche Lehrſyſtem war, zu dem ſich der mehrſte Theil der Inwohner bekannte; da indeſſen ſehr viele der katholiſchen Religion getreu verblieben — Unter dieſem Fürſten, bei dem noch das Sprichwort, *cujus regio illius religio* t) galt, mußte die ganze Pfalz zu den Fahnen der Reformirten ſchwören — In Ladenburg allein herrſchte freie Willkür, weil der Biſchoff von Worms die Hälfte deſſelben in Beſize hatte. Indeſſen ſchlugen ſich die Bürger um den Beſiz der Galluskirche, welches nicht ohne Blutvergießen abgieng. Der reformirte Theil, welcher dem katholiſchen weit überlegen war, errichtete ſchaudervolle Denkmäler ſeines

---

t) Wer über das Land zu gebieten hat, der hat auch über die Religion zu entſcheiden.

enthusiastischen Reformationseifers. Sie verstümmelten die Bilder der Heiligen, zerschlugen die ausgehauenen Religionsinsignien, verdarben die gottesdienstlichen Gefäse, und Geräthschaften, kurz überall erblikte man Greul der Verwüstung — Die Bürger rieben sich einander selbst auf, die blühende Oekonomie in Ladenburg wurde vernachläßiget und der Frucht- und Weinbau, welcher damals in Ladenburg noch betrieben wurde, über den Religionssistemen ganz außer acht gelassen. — Diese Stadt war der traurigste Beweiß, daß dort alle Quellen des Glükes und des Wohlstandes versiegen, wo die Bürger nicht vom Geiste der Eintracht und der Liebe beselt sind — Unter den weggeschaften Bildnissen befand sich ein hölzernes Kruzifixbild, welches bis zum Anfange dieses Jahrhunderts in einer Dunggrube lag. Dasselbe wurde durch eine Magd entdekt, und von den katholischen Einwohnern mit grossen Feierlichkeiten in die Galluskirche gebracht, welche sich dazumal schon wieder in den Händen der Katholischen befand. Diesem Kruzifixbilde wurde ein besonderer Altar geheiliget, der noch auf den heutigen Tag in großer Verehrung steht. Bei dieser Gelegenheit wurden verschiedene fromme Stiftungen gemacht, die Beweise von den wohlthätigen Gesinnungen sind, welche dazumal unter einigen Bürgern geherrscht haben. u) Allein verbannt sei das Andenken an Zeiten, bei deren Erinnerung sich das Menschengefühl empört. Dank der Vorsehung, welche nun die Bürger von verschiedenen Religionsübungen durch Duldung, und Bruderliebe fest aneinander gekettet hat!

§. 39.

Von dem Jahre 1557 bis zum Jahre 1570 stand der berüchtigte Johann Silvan als Superintendent in Ladenburg, dessen tragische Geschichte schon S. 32 erzählt wurde — Der kirchliche Zustand blieb indessen unverändert in Ladenburg, bis Tilli der Bajrische Feldherr im Jahre 1622 Heidelberg einnahm, und eine Bajrische Regierung über die Pfalz diesseits,

---

u) Die Heilmännische Familie, welche wirklich noch sehr zahlreich in Ladenburg ist, machte eine Stiftung, daß jährlich vor diesem Altare 8 fl. theils an Brod theils an barem Gelde unter die Armen ausgetheilt werden.

wie Spinola der Feldherr der Spanier eine Spanische jenseits des Rheins niedersezte — Hier wurde die Ausübung der reformirten Religion verbotten, und die Kapuziner, welche im Jahre 1624 durch die Bajern in Ladenburg eingesezt wurden, versahen den katholischen Gottesdienst. In dieser Zeit wüthete Hunger, Pest und Krieg in Ladenburg wie in der ganzen Gegend; daher wurde die Stadt, und die Galluskirche von den Kapuzinern verlassen, bis sie im Jahre 1629 durch den Bischoff von Worms Georgius Antonius von Rodenstein zurükberufen wurden, von dem sie im Jahre 1631 ein Haus nebst der Galluskirche erhalten haben. Im Jahre 1633 mußten die Katholischen den Reformirten wieder weichen, und die Galluskirche einräumen — Die Kapuziner verließen zum zweitenmale die Stadt, aber sie kamen im Jahre 1634 wieder zurük, da die Schweden von den Kaiserlichen bei Nördlingen geschlagen wurden, welches große Veränderungen in der Pfalz verursachte — Die Katholischen blieben im Besize der Galluskirche, und ihre Religion war die herrschende, bis zum Jahre 1649, wo

Karl Ludwig durch den Westphälischen Frieden wieder zum Besitze der untern Pfalz gelangt war. In diesem Jahre wurden die Katholischen in der Pfalz auf das grausamste verfolgt, alles mußte sich zu der reformirten Religion bekennen, die Bilder wurden gestürmt, die Altäre auf die Strassen geworfen, und die katholischen Geistlichen aus dem Lande verwiesen, alle Kirchen wurden den Reformirten eingeräumt, welche auch allerdings alle kirchliche Verrichtungen über die Katholischen, die noch hie und da zerstreut waren, ausübten Allein in Ladenburg blieb die Galluskirche wegen der Unterstüzung des Bischoffes von Worms noch immer aber unter großen Einschränkungen v) in den Händen der Katholischen, bis dieselbe im Jahr 1651 den Reformirten eingeräumt wurde, dagegen sie die bischöfliche Kapelle erhalten haben — Im Jahre 1685 nach dem Tode Karls erhielten die Katholischen in Ladenburg, so wie in der ganzen Pfalz größere Frei-

---

v) Karl Ludwig strafte die Katholischen in Ladenburg um 100 Rthlr., weil sie eine feierliche Prozession in der Stadt hielten.

heiten; die Kapuziner aber, welche auch zugleich die Deutschordenspfarrei in Weinheim versahen, wurden 1699 nach Mannheim versezt, wo sie in der Konkordienkirche den katholischen Gottesdienst verrichteten. w) Wie sehr die Anzahl der Katholischen in dieser für sie äußerst unglüklichen Epoche in der Pfalz zusammengeschmolzen war, und wie wenige Geistliche man noch in derselben zählte; läßt sich aus dem Ladenburger Pfarrbuche schließen, welches im Jahre 1646 von einem Kapuziner F. Benignus Elbingensis Vicepfarrer allda angefangen

---

w) In provincia Rhenana F. F. m. m. Cap. lib. II. cap. I wird die Ursache dieser Versezung angegeben. anno 1699, so lauten die Worte, ob multiplicatos circumquaque pastores nec non ob alios majori nostro bono in vicinia aedificatos conventus hac a cura per superiores provinciae desistere jussi sumus.

Deutsch: Im Jahre 1699 erhielten wir von unsern Obern den Befehl — wegen der überall anwachsenden Zahl der Seelsorger und wegen andern Klöstern, welche zum besten unseres Ordens in der Nachbarschaft aufgebaut wurden, die Pfarrei zu verlassen.

wurde. Hier findet man einen Katalogen der Getauften aus weit entfernten Ortschaften. x)

§. 40.

Nach dem Zeugnisse des Taufbuches hieß der lezte Kapuziner, welcher der Pfarrei vorstand Frater *Justus Cochheimensis* dem am 26ten Mai 1699 der erste Weltgeistliche Karl Theodor von Royer der Gottesgelehrtheit und h. R. Doctor gefolgt ist. Royer war ein würdiger Priester und besaß alle Eigenschaften eines Seelenhirten in einem hohen Grade — In der kritischen Lage, wo sich dazumal die katholische Geistlichkeit befand, spielte er eine Rolle, die seinen Namen auf immer der Vergessenheit entreissen muß — Seine Pastoralklug-

---

x) Frater Benignus Elbingensis pro tempore vicepastor hujus ecclesiae S. Galli in civitate Ladenburgensi — baptizavi Infantem. (Ich Benignus von Elbingen dieser Zeit Vicepfarrer in der Stadtkirche des heil. Gallus zu Ladenburg haben folgende Kinder getauft) natam NN. ex parentibu de pago Ilbesheim— Feudenheim — Seckenheim— Neckerhausen — Heddesheim — Schriesheim — Leutershausen — Edingen — Strafen — Neuzenhofen — Plankstadt — Mannheim — Heppenheim auf der Wiesen juxta Frankenthal — Reinganheim &c.

heit war vortreflich, und ganz dem Geiste der Religion angemessen -- er wagte alles zum Flore derselben, ohne eine andere Religionspartei feindlich zu behandeln — Er war äußerst darauf bedacht den Katholischen ihre alten Vorzüge zu verschaffen, ohne denen nachtheilig zu werden, die sich zu andern Religionen bekannten — Die lutherischen Glaubensgenossen erhielten freie Religionsübung unter ihm, und die Reformirten zollen ihm dadurch ihre Zufriedenheit, daß unter den aufgehäuften Stössen von Religionsbeschwerden, die der Kirchenrath zu Heidelberg gesammelt hat, nicht eine Silbe gegen Royer vorkömmt. — Royer wurde wegen seiner ausgebreiteten Kenntnissen, und wegen seines musterhaften Wandels im J. 1701 als geistlicher Rath nach Worms berufen, wo Herr Wallreuther die Verwaltung seiner Pfarrei übernommen hatte. Allein den 31ten Oktober 1705 kehrte er wegen seiner zerrütteten Gesundheit y) wieder nach Ladenburg zurük, er lebte keine zwei Jah-

---

y) Nomina matrimonio junctorum sub me Carolo desiderio de Royer Epi Wormatiensis consiliario Ecclesiastico Ladenburgum Valetudinis recuperandae causa reverso 31ten Oktob. 1705.

Deutsch:

re mehr, sondern beschloß am 25ten März 1707 seine ruhmvolle Laufbahn. Seine Grabschrift ist auf der linkenseite der Galluskirche in Stein ausgehauen. z)

§. 41.

Da Ladenburg wegen den Streitigkeiten zwischen dem Kurfürsten, und dem Bischoffe von Worms, welcher die Stadt auslösen wollte, in Sequestration gerieth, so blieb der Kir-

---

Deutsch: Verzeichniß der Verehlichten, welche unter mir Karl Desiderius von Royer bischöflich Wormsischem geistlichen Rathe zusammen gegeben wurden, nachdem ich mich am 31ten Oktb. 1705 meiner zerrütteten Gesundheit wegen wieder nach Ladenburg begeben habe.

z) ANNO 1707 Die 25 MARTY OBIIT PLM RD9 EXIMIUS E CLARISSIMUS DNUS CAROLUS DESIDERIUS DE ROYER SS. THEOL. ET IUR. UTRIUSQUE DOCTOR EPISCOPI WORMAT. CONSIL. ECCLES. DECANUS RUR. ET PAROCHUS IN LADENBURG.
REQUIESCAT IN PACE AMEN.

Deutsch: Im Jahre 1707 den 25 Merz starb der hochwürdige wohlgebohrne und achtbare Herr Karl Desiderius von Royer beider Rechten Doktor, des Bischoffes von Worms geistlicher Rath Landdechand und Pfarrer in Ladenburg. Er ruhe in Frieden, Amen.

chenzustand unabgeändert. Die Galluskirche
befand sich im Besize der Reformirten, welche noch immer den größten Theil der Inwohner ausmachten — Da im Jahre 1693 Heidelberg verbrannt wurde, so entflohen die Bürger aus Ladenburg — Die Kapuziner, welche
zurükblieben, machten sich dieser Gelegenheit
zu nuze, nahmen die Galluskirche in Besiz,
und führten den katholischen Gottesdienst in
derselben ein — Damals wüthete der Mordbrenner Melak mit gränzenloser Wuth in der
ganzen Pfalz — Die schönsten Fluren wurden verbrant, fruchtbare Bäume niedergehauen, Weinberge ausgerottet, und die Unterthanen von ihren Besizungen vertrieben — die Räuber schonten
der geheiligten Asche der gekrönten Häupter
unter der Erde nicht, sie brachen die Gräber
auf, entheiligten ihre Gebeine, und zerstörten
die Grabmäler der würdigsten Fürsten, und
der größten Helden, so jemale die Welt sah.
Die paradisische Gegend des Rheinstroms war
das traurigste Bild der Verherungen und der
Menschenwuth. Die blühendsten Städte und
Ortschaften lagen in ihrer Asche, und die Trümmer, auf denen wir izt noch wandeln, sind spre-

chende Beweise von der Wuth, und Unmenschlichkeit eines Volkes, das sonst der Urheber der verfeinerten Sitten aller Völker in Europa sein will. Kaum kehrten die zerstreuten Bürger wieder zu ihren Besizungen zurüke, so wurden die verlornen Rechte hervorgesucht. Da die Katholischen die Galluskirche nicht mit der Erlaubniß des Französischen Kommendanten in Besiz genommen hatten, so wurde sie von den Reformirten mit Gewalt zurükgefodert, wobei abermal Menschenblut geflossen ist. Allein auf Anrufen der Kapuziner bei dem Bischoffe von Worms sezte der Deutschmeisterische Lieutenant Uebelaker mit einem Kommando Soldaten die Katholischen wieder in den Besiz der Galluskirche — In der Kurpfälzischen Religionsdeklaration vom Jahre 1705 wurde zwar die Galluskirche den Reformirten zuerkannt, allein der Bischoff von Worms both allen seinen Kräften auf, die Katholischen in dem Besize derselben zu erhalten — Die Franzosen unterstüzten die Bemühung des Bischoffes mit aller Macht — Es kam daher im Jahre 1708 ein Vergleich zu Stande a) vermöge

---

a) Das Diplom ist bei Herrn D. Andreae in luped. illustrato pag. 26 abgedrukt.

dessen sie im Besize der Galluskirche verblieben, den Reformirten aber der Münchhof samt seinen Gefällen, und der zweiten Gloke aus der Galluskirche als eigenthumlich eingeräumt, und abgetretten werden sollte — Die Reformirten haben über ihre Kirchengefälle in Ladenburg einen eigenen Schaffner, b) so wie auch die Katholischen. c) Verschiedene Gefälle, die ursprünglich zu der Galluskirche gehörten, verblieben in den Händen der Reformirten, wovon der zweite Prediger noch meistens besoldet wird.

§. 42.

Wie groß ehedessen der Religionshaß in Ladenburg war, und wie weit man sich von kristlicher Eintracht, und Bruderliebe entfernt hatte, kann man ebenfalls aus den häufigen Religionsbeschwerden abnehmen, welche die reformirte Geistlichkeit schon vor geraumer Zeit dem Kirchenrathe zu Heidelberg überreicht hat.

---

b) Der wirkliche Schaffner ist Hr. Leonhard Leßbach.

c) Herr Jakob Reineker zugleich auch Stadtschultheiß.

§. 43.

Die Schikſale der lutheriſchen Kirche in Ladenburg ſind nicht ſo verworren, und abwechſelnd, wie jene der Katholiſchen, und der Reformirten — Unter Fridrich dem Weiſen, und Otto Heinrich machten die Lutheriſchen wegen den Gegenbemühungen des Biſchoffes von Worms noch keine Epoche — Allein unter Ludwig dem Sechſten, welcher von dem Jahre 1576 bis 1583 regierte, und alles für den Flor und die Ausbreitung des Lutherthums unternahm, wohnte ein lutheriſcher Superintendent Namens Johannes Hoſp: s in Ladenburg, welcher mit ſeinen untergebenen Pfarrern, und Schuldienern die *Formulam Concordiae* unterſchrieben hatte — So ſehr die lutheriſche Religion unter der 7jährigen Regierung Ludwigs emporgekommen war, ſo tief ſank ſie wieder, als Johann Kaßmir, Ludwigs Bruder, welcher dem helvetiſchen Glaubensſyſteme auf das wärmſte zugethan war, die Vormundſchaft über ſein Brudersfind Fridrich den Vierten, und mit dieſer die Verwaltung der Pfalz übernommen hatte — Die lutheriſchen Pfarrer, und Schuldiener mußten in

Jahre 1583 das ganze Land, also auch Ladenburg räumen. Die Gemeindsglieder, welche
in Ladenburg zurükblieben, waren sich also
allein überlassen — Sie hielten ihren Gottesdienst auf dem Straßheimer Hof, wo sich
ein lutherischer Prediger, (der lezte hieß Jakob Lemnius) mit einem Pfarrhause, und
mit einer festgesezten Besoldung bis in das
Jahr 1665 erhalten hatte — Allein unter Karl
Ludwig, der sonst der größte Fürst war, der
das Staatsruder der Pfälzer führte — der sich
durch seine glänzende Weisheit, welche die
Seele seiner meisten Handlungen war, den
Namen des deutschen Salomons erwarb — dessen Karakterzüge, Tapferkeit und Stand-
haftigkeit waren, womit er die Rechte seines
Hauses behauptet hatte — bei dem alles ruhm-
würdig war, wenn man seine enthusiastische Ergebenheit gegen die reformirte Religion ausnimmt, blieb nichts ruhig, was nicht den Stempel des helvetischen Glaubensbekenntnisses auf
der Stirne trug — Der lutherische Prediger
mußte den Hof zu Straßheim räumen, und
die Lage der lutherischen Gemeindsglieder war
nun trauriger, als jemals. Sie begaben sich

nach Birkenau, um ihres Gottesdienstes abzuwarten; bis sie unter der Regierung Johann Wilhelms im Jahre 1693 freie Religionsübung erhielten.— Johann Herrmann Ludwig aus Giesen der zuvor Pfarrer in Weinheim war, verrichtete den ersten lutherischen Gottesdienst zuerst in einem Privathause, hernach in einer gezinsten Scheuer. Endlich erhielten die lutherischen Gemeindsglieder im Jahre 1708 die Erlaubniß, eine Kirche zu erbauen, welche im nämlichen Jahre vollendet, und am 9ten September eingeweiht wurde.

§. 44.

Es ist merkwürdig, daß die Lutheraner in Ladenburg weder Thurn, Geläut, noch Gesang bei ihren Leichen innerhalb der Stadt haben — Das ganze Verbot dieser gottesdienstlichen Gebräuche gründet sich auf die Austauschungsurkunde d) zwischen Kurpfalz, und

---

d) Die Austauschungsurkunde findet man bei Lünigius ecclef. p. II p. 931 — ausgefertigt zu Düsseldorf den 26ten Aug. im Jahre 1705. Da aber verschiedene irrige Ausdeutungen, welche zu Streitigkeiten

Worms, wo es von dem Hochstifte Worms als ein ausdrükliches Bedingniß festgesezt wurde, daß der Religionszustand in Ladenburg in seiner wirklichen Lage verbleiben solle — Nun hatte die lutherische Gemeinde damals weder Thurn, Gloken, noch Gesang bei ihren Leichen, daher wird es derselben noch nicht verstattet. Das sind allenfalls die Gründe, warum man denselben ein Recht versagt, welches den Glanz der herrschenden Religion im geringsten nicht verdunkelt. Die Lutherischen haben in Ladenburg, wie in der ganzen Pfalz keine Religionskasse; sie selbst sind verbunden aus ihren eigenen Mitteln ihre öffentliche Gebäude zu unterhalten, ihre Pfarrer und Schuldiener zu besolden, und überhaupt alles zu bestreiten, was zu ihrem Religionswesen gehört.

§. 45.

Alle Stiftungen aus dem spätern Zeitalter sind erloschen, und man findet kaum noch Spuren von denselben in Ladenburg; wo man in

---

tigkeiten Anlaß geben konnten, gemacht wurden, so wurde noch zu dieser Urkund den 7ten August 1708 ein neuer Nezeß hinzugefügt, wo alle zweideutige Auslegungen bestimmt, und festgesezt wurden.

allen Epochen tragische Merkmale der verderblichsten Kriege antrift — Unter den Stiftungen dieser Stadt, welche wirklich bestehen, zeichnet sich das bürgerliche Hospital besonders aus. Die Geschichte spricht von keinem besonderen Stifter sondern nach den mündlichen Ueberlieferungen ist es durch Beiträge der Bürger nach und nach zu dem dauerhaften Stande gediehen, in dem es sich nun befindet. Das Gebäud des Hospitals wurde im Kriege sehr beschädigt, wie man an der Aufschrift e) welche ober dem Eingange angebracht ist, wahrnimmt — Nun steht dasselbe unter der allgemeinen besonders darzu angeordneten Spitalkommißion — das Spital ernährt seinen besondern Schaffner, und Controlleur, welche aber keineswegs alte, und verdienstvolle Bürger sind — Ehe diese Kommißion die Verwaltung des Spitals übernommen hatte, genoß die Stadt die wohlthätigsten

---

e) ANNO 1739 IST DIESES BURGERLICHE HOSPITAL, SO HIEBEVOR DURCH KRIEG RUINIRT GEWESEN, WIDERUM AUFGEBAUT WORDEN.

Früchte dieser Stiftung — Die kranken Dienstbotten fanden hier ihre Verpflegung, und die Inwohner, welche unter einem heimlichen Druke der Schiksale, und Dürftigkeit wimmerten, erhielten milde Beisteuern — Ohnerachtet aber nach der neuesten Einrichtung alte Bürger und krüppelhaften Personen aufgenommen werden — Ohnerachtet sie Kost und Kleidung erhalten, so entspricht dasselbe doch nicht völlig seinem Endzweke. Dann nicht nur die krüppelhaften Menschen sollten in den Spitälern ihre Aufnahme finden, sondern auch jene, deren moralischer Karakter verdorben ist. Ist es wohl recht, wenn öffentliche Scheusale und anstekende Menschen unter einem ehrsamen Publikum wandeln? Sie gehören vielmehr in Häuser, wo sie durch weise Anstalten, so viel es möglich ist, gebässert, und der Menschheit nüzlich gemacht werden. Könnte nicht da ein Taugenichts durch seine erlernte Profesion auf Kösten des Hauses, und zu dessen Nuzen arbeiten? Einem Vollsäufer würde auf diese Art das Vollsaufen, und einem Schuldenmacher das Schuldenmachen verwehrt — Aber, es möchte einer sagen, dafür gehören Zuchthäuser, und keine

Hofpitäler — Allein in kleinen Städten, wo nicht immer förmliche Zuchthäuser sein können, sollte im Nothfalle das Hospital für jene Bürger und Inwohner dienen, welche in der Moralität noch nicht so tief sanken, daß sie zum Zuchthause reif genug sind — wäre man nicht ehender mit seinem Manne an Ort, und Stelle, als wenn er mit großem Aufwande zur Hauptstadt gebracht würde? Der Elende bliebe sogar in der Vaterstadt unter Freunden und Bekännten, welches der Menschlichkeit einer solchen Stadt Ehre brächte — und er sowohl als dessen Familie blieben von der noch hart drükenden Beschimpfung des Zuchthauses befreit; welches oft allein bis zu jenem Grade der Verzweiflung bringt, wo hartnäkige Bosheit eintritt, und alle moralische Bässerung verloren ist — weil aber die Sache auf diese Art eine moralische Seite bekäme, so müßte auch die Ortsgeistlichkeit in solchem Hause etwas zu sagen haben, und die ganze Einrichtung nicht Leuten überlassen werden, deren Geschäfte nur immer nach Sporteln zugeschnitten sind, und welche da von keiner Verbindlichkeit mehr wissen, wo warme Menschlichkeit, und die lauterste Ehrliebe, worzu doch eine bloß moralische Person mehr aufgelegt ist, nur alles einzig und allein wirken können.

§. 46.

Das Waisenhaus, welches eine der neuesten Stiftungen ist, giebt Ladenburg den Vorzug vor allen Pfälzischen Landstädten, in welchen man durchaus keine Spur solcher wohlthätigen Einrichtungen antrift — Ein reicher Bürger, der zugleich Anwaldschultheis in Ladenburg war, machte von edler Menschenliebe beseelt, und von dem traurigen Anblike mancher vaterlosen Kinder gerührt, diese wohlthätige Stiftung. — Wären doch immer unsere großen Ahnen mit diesen erhabenen Grundsäzen, die dem Geiste der Religion einzig entsprechen, ausgerüstet gewesen! Gäbe es wohl noch unnüze Glieder im Staate, oder würde ein so durchdringendes Gewimmer der Armen, und Elenden um uns her ertönen, worüber sich oft die Menschlichkeit empört? Nach dem ursprünglichen Plane des Stifters werden nur katholische Waisen, und zwar nur Kinder aus der Stadt aufgenommen — Allein der menschenfreundliche Regierungsrath und Landschreiber Herr von Hertling, dem das Haus unmittelbar untergeordnet ist, nimmt auch Waisen aus den übrigen Ortschaften auf, welche zu dem Oberamte gehören — Das Waisenhaus ist nach dem neuesten Geschmake gebaut, es ist sehr geräumig, und durchaus zwekmässig eingerichtet — dasselbe ist mit reichen Einkünften versehen, über welche ein eigener Schaffner angestellt ist. f) Durch die rühmlichste Oekonomie, und durch die Wollenspinnerei, welche die Kinder in ihren müßigen Stunden besorgen, wächst noch täglich die Quelle dieser Einkünfte — Im Hause herrscht durchaus Ordnung, und Reinlichkeit, welches die Seele eines öffentlichen Erziehungshauses ist. Aller despotische Zwang unter dem die Kinder Tüke, und Verstellungskunst lernen, ist aus dem Hause verbannt — Sobald die Kinder in den Grundsäzen der kristlichen Religion gegründet sind, so wird es ihrer Willkür überlassn, was für einem Stande, und Profeßion sie sich wiedmen wollen; wozu ihnen alle Hilfe geleistet wird. Zur Ehre dieses Hauses, und zum Beweise der vortreflichen Bildung, wel-

---

f) Herr Franz Heinrich Krausmann, auch Rathsverwandter.

che die Kinder erhalten, muß man es öffentlich anrühmen, daß unter so vielen Zöglingen, die hier gebildet worden sind, noch nicht ein einziger dieser Stiftung Unehre gemacht habe. Die blühende Farbe, und die robusten Glieder, der Waisenkinder sind Beweise, daß in diesem Hause alles gethan ist, was die phisische Bildung beförderen kann — Im Hause ist eine verwittibte Bürgersfrau angestellt, welche die Reinlichkeit, und andere körperliche Verpflegungen der Kinder zu besorgen hat — Die Kinder haben ihren eigenen Lehrer, der dem angenommenen Gange der Stadtschulen folgt, ob es schon bei Privatunterrichten leichter ist, neue Versuche in der Lehrart sowohl, als in den Gegenständen, welche gelehrt werden, anzustellen. Ober dem Eingange des Hauses ist die Jahrzahl mit dem Namen des Stifters in Stein ausgehauen. g)

---

g) ORPHANO TROPHIVM HOC GEORGIVS FRIDERICVS GVNTER EJVSQVE VXOR ANNA GVNTERIN EREXERVNT 1770. Deutsch: Dieses Waisenhaus hat Georg Fridrich Gunter, und seine Ehefrau Anna Gunterin aufgerichtet.

§. 47.

Zufälle, denen der Geist des herrschenden Zeitalters meistens den Stempel der Wunder aufdrükte, gaben oft zu Stiftungen Anlaß, die durch Abänderung der Zeit, und Umstände unnüz oder unbedeutend geworden sind. So entstand eine Stiftung in Ladenburg, die in jenen Zeiten, wo die Stadt in einer waldigten h) und sumpfigten Gegend lag, und wo noch keine sichere, und bequeme Strassen für Reisende angelegt waren, ihrem Zweke entsprochen hatte; in unsern Zeiten aber, wo die Wälder in einem großen Bezirk um Ladenburg ausgehauen, und allenthalben die bequemsten Strassen angelegt sind, leicht entbährlich ist. Nach der Tradition, welche durchaus für zuverläßig gehalten wird, hatte sich ein Fräulein von Sikingen in der tiefsten Nacht

---

h) Gegen Osten hat die Stadt eine ausgedehnte Streke Feldes, welches man den Stalbühl nennt, dieses Feld war im vorigen Jahrhundert noch Waldung — Die ältesten Leute in Ladenburg erinnern sich, daß gegen Schwabenheim wo wirklich die fruchtbarsten Felder sind, ein Wäldchen war, womit die Lagerbücher der Stadt übereinstimmen.

bei Ladenburg verirrt, in dieser Verlegenheit, wo sich Verwirrung, und Bangigkeit ihrer Seele bemächtiget hatte, schikte sie die heisesten Wünsche zum Himmel um Rettung — Sie hörte wider alles Vermuthen den Schall einer Gloke, dem sie sich so lange genähert hat, bis sie sich vor den Mauren der Stadt befand. Durch diese Wohlthat, welche sie durch dieses Geläut empfunden hatte, gerührt, machte sie eine Stiftung, daß auf immer Nachts um 11 Uhr ein Glokenzeichen gegeben werde — Sollte nicht die Obrigkeit darauf bedacht sein, daß eine Stiftung, welche zweklos geworden ist, in eine nüzlichere umgeändert würde?

§. 48.

Die Sikingische Familie errichtete ferner eine Stiftung in Ladenburg, die laut von dem wohlwollenden Karakter spricht, welcher die erhabenen Urväter derselben wie die blühenden Nachkömmlinge beselte — Jede Woche wird das Brod von einem Malter Korn vor der Sikingischen Kapelle in der Galluskirche unter die Armen vertheilt i). Nach der Stif-

---

i) In dieser Kapelle werden folgende Inschriften gefunden.

I HANSZ

tungsurkunde hat der Stadtrath, der Stadtpfarrer, und ein Deputirter der hohen Familie die Armen zu bestimmen, welche dieser Wohlthat genießen sollen; allein der Stadtpfarrer, und Stadtschultheis üben dieses Recht wirklich allein aus, welches sich in einer bejahrten Gewohnheit gründet. Es gereicht aber beiden Vorständen zur Ehre, daß sie keine Religionsverwandten von dieser Wohlthat ausschließen — Die Armen müssen vor der Sikingischen Kapelle jedesmal ein Gesez von einem Rosenkranze abbethen, ehe sie das Brod empfangen, welchem auch die Protestanten beiwohnen.

I HANSZ VON SIKINGEN RITTER STIFTER, eben dieser Hans von Sikingen ist mit seiner Gemalin einer gebornen Kämmerin von Dalberg neben dem Kreuzaltare in Stein ausgehauen.

II DIETER VON SIKINGEN IM JAR M.C.C.C.C. LXXIII GESTORBEN.

III HANSZ VON SIKINGEN STARB IM JAR M.C.C.C.C. LXIX.

IV HAMAN HERR VON SIKINGEN IST GESTORBEN M.C.C.C.C. XXIIII.

§. 49.

Nun kommen wir auf die öffentlichen Almosen, welche in Ladenburg vorhanden sind. Die Katholischen, Reformirten, und Lutherischen haben ihre eigene Almosenkassen, aber keines derselben kann seinen eigenen Stifter aufweisen, sie kamen vielmehr nach und nach durch freiwillige Beiträge der Bürger selbst zu ihrer Wirklichkeit — Das katholische Almosen ist das beträchtlichste, es hat ein Kapital von 4000 fl. samt einem kleinen Gute in Wallstadt; fremde Bettler und Kollektanten ziehen wirklich einen beträchtlichen Theil desselben. — Das reformirte ist ein Klingelbeutelalmosen, und kam ehedessen ebenfalls den Vagabunden zu gute. Allein der reformirte Prediger Herr Held traf die rühmliche Einrichtung, daß die Nothleidenden seiner Gemeinde und keine herumschwärmende Bettler dieser Wohlthat genießen. Diese wahrhaft patriotische und zwekmäßige Einrichtung verdient Nachahmung — Das lutherische Almosen hat einen geringen Font, und wird nebst den Kollekten, welche bei gottesdienstlichen Handlungen gesammelt werden, für Pfarrer und Schuldiener, auch für die Unterhaltung kirchlicher Gebäude verwendet.

§. 50.

So häufig die Spuren der gestörten Eintracht, und der menschenfeindlichen Begegnungen sind, welche man in Ladenburg antrift, und zu welchen meistens ein wilder Religionshaß verleitet hat, so glänzend sind auch die Denkmäler des Wohlwollens, und der Bruderliebe wodurch sich diese Stadt auf das vortheilhafteste auszeichnet — Das sogenannte Rathsalmosen, welches in unserem Vaterlande das einzige in seiner Art ist, ist ein sprechender Beweis hievon. Einige Rathsverwandten aus dem vorigen Jahrhunderte haben eine Geldsumme die sich wirklich auf 2000 fl. beläuft, zusammengetragen — Der Stadtrath hat die unumschränkte Verwaltung über dasselbe; es wird nach seiner ursprünglichen Bestimmung unter dürftige Wittwe, und Waisen verstorbener Rathsverwandten vertheilt.

§. 51.

Darf man Schulen, und Pfarreien zu den öffentlichen Stiftungen zählen, so giebt es einen katholischen Pfarrer 1 Kaplan, 2 reformirten und 1 lutherischen Pfarrer in Ladenburg; welche durchaus, wenn man den leztern ausnimmt, gut besoldet sind — Es sind überhaupt Männer, die ihrem Amte mit Ehre, und Nuzen vorstehen, und wahrhaft von dem erhabenen Geiste ihres Berufes beselt sind. k) Obschon aber insgemein von einer guten Geistlichkeit auf gute Erziehungsanstalten geschlossen wird, so kann man nichtsdestoweniger nicht behaupten, daß sich die Schulen in Ladenburg in dem Grade der Vollkommenheit befinden, welchen sie unter der Leitung so vortreflicher Geistlichen erreichen könnten. Man würde aber auch der Ehre der Schullehrer zu nahe tretten,

---

k) Katholische Geistliche.

Herr Stadtpfarrer Trauninger Kurpf. geistlicher Rath und Hofkaplan.

Herr Lemmig Kaplan, Kurpf. Weltpriester.

Reformirte.

Herr Böhme ersterer Stadtpfarrer und Pfarrer zu Nelerhausen.

Herr Held zweiter Stadtpfarrer auch Pfarrer zu Heddesheim.

Lutherische.

Herr Stadtpfarrer Zelser, noch Pfarrer über 14 Fillalorte.

stetten, wenn man die Verfassung der Schulen unter die schlechteren zählen wollte. Was man bei dem beinahe noch allgemein herrschenden Sisteme Schulwissenschaften nennt, wird in den Ladenburger Schulen mit einem rühmlichen Eifer betrieben. Allein von Natur und vaterländischer Geschicht — von Erdbeschreibung und Unterrichte in der deutschen Sprache — von Aufsäzen in Briefen, und bürgerlichen Kontrakten — vom Unterrichte im sittlichen Umgange, und wechselseitiger Gefälligkeit — von ökonomischen Grundsäzen, und andern Wissenschaften, welche dem Patrioten, dem Bürger, und dem Unterthanen höchst nöthig sind, findet man in diesen Schulen keine Anlage; und kaum wird man je eine solche Jugendbildung in Landstädten und in Dorfschulen erwarten dörfen; ehe Pflanzschulen für künftige Schullehrer in dem Vaterlande angelegt werden. Aber sicher darf der Pfälzer diese unentbährliche Wohlthat noch von seinem bästen Fürsten hoffen, der schon königliche Schäze zu diesem edlen Zweke verwendet hat.

§. 52.

Es ist keinem Zweifel unterworfen, daß Ladenburg als eine der ältesten Städte, und

Vestungen Deutschlandes — als der Lieblingsaufenthalt eines freigebigen Fränkischen Königs, als die Residenz vieler Fürsten, und Bischöffe, als die bequemste Handelsstadt vor Zeiten sehr viele Vorzüge und Freiheiten genossen habe — Allein diese sind theils durch die gefräßige Zeit, theils durch Kriege, und innere Empörungen, von denen unser Vaterland meistens der Schauplaz war, erloschen — Die Nekerfahrt war ehemals ein Eigenthum der Stadt, izt aber ist die Kurfürstl. Hofkammer, im Besize derselben, sie wird nicht einmal mehr an ihrer vorigen Stelle betrieben. Die Stadt hat einen eigenen Holzhandel, welcher an einen Bürger verpachtet ist, und jährlich eine ansehnliche Summe einträgt — In Ladenburg giebt es eine vierfache Marktgerechtigkeit: der Wochenmarkt wird wegen den angränzenden Städten Mannheim und Heidelberg nicht häufig besucht — Der Jahrmarkt, welcher jährlich zweimal gehalten wird, ist unter den mittelmäßigen in der Pfalz — der Fruchtmarkt hingegen der blühendste — Der Viehmark, der ehedessen häufig besucht wurde, ist völlig eingegangen. Unsere weise Landesregierung soll wirklich Anstalten getroffen haben, diesen Markt, den seine Lage in Rüksicht auf die Pfalz, besonders empfiehlt, wieder empor zu bringen. Passende Prämien, Zollfreiheiten, und andere aufmunternde Mittel könnten denselben zu seinem ehemaligen Flore erheben. Der Fischmarkt ist von keinem Belange.

§. 53.

Alles was durch Ladenburg paßirt, sogar die fahrenden, und reitenden Posten sind verbunden, Pflastergeld zu entrichten — nur der angränzende Marktfleken Schriesheim ist ausgenommen. Der Stadtrath ließ sich deßhalben mit dem Rathe von Schriesheim in einen Rechtsstreit ein; allein derselbe wurde bei zween Instanzen verlohren. Das Recht der Schriesheimer gründet sich blos auf das Herkommen. Diese Quelle der städtischen Einkünfte ist übrigens sehr ergiebig, besonders da von Mannheim aus, bis an die Bergstrasse eine Hauptstrasse durch Ladenburg angelegt ist. Das Ungeld kan endlich noch zu den Privilegien gezählt werden, welche der Stadt eigen sind — In der ganzen Pfalz wird von dem Weine, welcher verzapft wird, fürs Juder 18 fl. abgegeben, aber Ladenburg giebt von allem die 10te Maß.

§. 54.

Der Wohlstand der Bürger, und Inwohner Ladenburgs läßt sich daraus schon ermessen, daß selten ein Inwohner die wöchentliche Armenbüchse bekleidet; dieselbe wird meistens an Schriesheimer Armen vertheilt, wofür es den Ladenburgern erlaubt ist, in den Schriesheimer Waldungen Holz zu sammeln — Der Wohlstand der Stadt gründet sich auf die Fruchtbarkeit der Felder, auf Viehzucht, auf Grapp und Tabaksbau, und auf die Alimenten 1), welche die Bürgerschaft von ohn-

---

1) Die Stadt mußte bei der Krönung des Kaisers Franzens, wo die Kaiserlichen ein Lager von Heidelberg bis an Ladenburg geschlagen hatten, eine starke Summe Brandschazung bezahlen, welche bei den Jesuiten zu Mannheim aufgenommen wurde — Um diese Schuld abzutragen, wurden den Bürgern die Alimenten entzogen — Allein Herr Philipp Eckhard der ehemalige Rentmeister hatte durch seine weise Haushaltung und pünktliche Treue diese Schuld in kurzer Zeit getilgt, die Bürger erhielten ihre Alimenten wieder, nun segnet der Dankbare das Andenken dieses vortreflichen Patrioten.

gefähr 20 Jahren her wieder besizt, und wovon dieselbe jährlich eine kleine Abgabe an die Stadtkaſſe entrichtet; ſie ſind ſehr beträchtlich und beinahe allein hinreichend, die Bürger zu ernähren — Die Hauptquelle der Einkünfte, welche die Stadt bezieht, ſind die ſtädtiſche Güter, welche an die Bürger verpachtet ſind— Ladenburg beſizt überhaupt eine Gemarkung von 4449 und 1/4 Morgen, welche Aeker einige unbedeutende Streke Sandfeldes ausgenommen, ſehr ergiebig ſind — Die Stadt hat den beträchtlichſten Fruchtbau in der ganzen Gegend; ſie verkauft jährlich an Früchte ohngefähr 5000 Mltr., an Grapp 2 bis 3000 Zentner, an Tabak, welcher allerdings der bäſte am ganzen Rheinſtrome iſt, werden 5000 Zentner ausgewogen, wovon der Stadt immer eine kleine Abgabe entrichtet wird. An Holz, Wein, und Wieſenwachs hat die Stadt Mangel; den lezteren erſezt der häufige Kleebau, wodurch die Bürger genöthigt ſind, ſich bei ihrer beträchtlichen Viehzucht der Stallfütterung zu bedienen, welche mit dem bäſten Erfolge betrieben wird — Die Kurfürſtliche Hofkammer beſizt die Schafweide, welche jährlich gegen

F 3

eine ansehnliche Summe verpachtet wird. Die Einkünfte der Stadt sind überhaupt sehr beträchtlich, und wären noch weit beträchtlicher, wenn nicht beinahe alle Feldwege, und öffentliche Pläze mit Maulberbäumen besezt wären, welche die Kraft der Felder tief hinein aussaugen, und verhindern, daß die Strassen und Feldwege mit keinen nüzlichen Obstbäumen besezt werden. Allein so beträchtlich die Einkünfte des städtischen Aerariums sind, so groß sind auch die Ausgaben. Alle öffentliche Personen, Gebäude, Brüken, Pflaster, Thoren und Strassen werden aus der städtischen Kasse unterhalten.

§. 55.

Die Stadt soll vor Zeiten einen ungeheuren Wald den Ladenbug genannt, welcher in dem Schriesheimer Thal liegt, besessen haben — Nach der Nachricht, welche man in dem Schriesheimer Zentbuch m) aus dem vorigen

---

m) *Copia.* Einfältiger — jedoch wahrhafter Bericht wie es mit der Bach, so durch Ladenburg laufet, beschaffen.

Zu wissen, daß vor unerdenklichen Jahren die Bach, so durch Schriesheim laufet, zwischen gedachtem

Jahrhundert p. 183 und 184 findet, wurde dieser Wald von der Stadt Ladenburg an Schriesheim abgetretten, damit der Bach, welcher zwischen der Schriesheimer, und Ladenburger Gemarkung dem Nekar zuströmte, durch Ladenburg geleitet werden dörfte. Allein der Bericht aus dem Schriesheimer Zentbuch hält keine Proben der Kritik aus; denn man weiß aus unläugbaren Urkunden, daß dieser Bach, welchen man den **Kanzelbach** nennt, schon 3 bis 400 Jahre zuvor durch Ladenburg geflos-

dachtem Schriedheim, und Ladenburg abwegs in den Nekar, und andern Orten gewendet worden, ohnangesehen die von Ladenburg mit gnädigstem Konsens der Kurfürstlichen Pfalz, der die Bach proprie zustehet, zu ihrem Nuzen in die Stadt kehren, so haben sie jedoch denen von Schriesheim einen Wald zum Rekompenz augeboten, daß solche Bach, die denen von Schriesheim weder zum Nuzen oder Schaden unterwegs fortgeschossen, in die Stadt möge geleitet werden, wie dann gedachte Schriesheimer den Wald angenommen, und denen von Ladenburg um Ergözung zugelassen, daß sie sonsten auch nicht hätten hindern können.

sen sei, und Mühlen getrieben habe n). Nun ist leicht zu schließen, wie viel Glauben eine

n) Folgendes Diplom ist bei Gudenis sylloge var. diplom. n. CLIV. p. 279 in der lateinischen Sprache zu finden — welches aber, um jener Willen wörtlich ins Deutsche übersezt ist, die in der lateinischen Sprache unerfahren sind.

Wir Eberhard, Stadtschultheis, Rathsverwandte, und die ganze Bürgerschaft von Lautemburg, (Ladenburg) thun vermöge gegenwärtiger Urkunde, welche sowohl für uns als unsere Nachkömmlinge gelten soll, zu wissen; daß der Ritter Hartmann genannt von Lautemburg und Felizia seine Gemalin, ihre Mühle, welche sie in unserer Stadt Lautemburg besizen, dem Herrn Abte und Konvente von Schönau um 200 Pfund Hallischer Währung mit allen Gerechtsamen, und mit beiderseitiger Einwilligung verkauft haben — doch mit dem Vorbehalt, daß gemeldter Abt und sein Konvent an den Herrn Eberhard genannt von Stralimburg Probsten von Neuhausen 6 Malter Weizen, und eben so viel Gerst, wie auch an den Rheinboto Ritter von Lautemburg 10 Simmern Weizen von der Mühle jährlich zu entrichten verbunden sein sollen — Gemeldtes Ehepaar tritt die Mühle feierlich ab, und übergiebt sie in die Hände des Herrn Abtes und seines Konventes mit der Bache und mit dem Flußbette samt allen Gerechtsamen, welche an dem Bache und an

dem

Nachricht verdiene, welche sich auf keine sichere Urkunden gründet, und von welcher der mitintereßirte Theil weder Kenntniße noch einigen Antheil hat — Gesezt, daß der Austausch des Waldes seine Richtigkeit habe, wie kann man eine Bürgerschaft die gewiß keiner

F 5

dem Flußbette haften — mit eben dem Rechte, wie sie die Mühle bis auf den Tag, wo sie dieselbe verkauft haben, besaßen; eben so entsagten auch die Brüder des gemeldten Hartmann, und seiner Gemalin in unserer Gegenwart allen Ansprüchen, welche sie je auf die Mühle machen könnten. Wobei selbst das gemeldte Ehepaar dem Herrn Abte und seinem Konvente für die gehörige Gewährleistung oder Garantie zu haften haben.
Allein weil diese Mühle zum Heurathsgute der gedachten Felizia gehört, so erklärte sie sich in unserer Gegenwart und beschwur es mit einem Eide, daß sie aus keinem Vorwande je einen Rechtsstreit gegen den Abt und sein Konvent erregen wolle.
Zu mehrerer Bekräftigung dieses Kontrakts, welcher mit allen Feierlichkeiten geschlossen wurde, haben wir unser Stadtsigill beigedrukt.
Gegeben und geschehen im Jahre des Herrn 1284 am Vorabend vor Paulsbekehrung.

andern an feiner Ausbildung und guten politischen Verfassungen je nachgegeben hat, einer so großen Kurzsichtigkeit beschuldigen, daß sie ein beträchtliches Eigenthum für einen Bach hingeben konnte, dessen wirkliche Leitung durch die Stadt Ladenburg nach dem Schriesheimer Berichte selbst nicht konnte verhindert werden. Wären die Dokumenten des städtischen Archivs nicht ein Raub der Flamme und des Krieges geworden, man würde sicher eine Gleichheit im Austausche finden.

§. 56.

Gleichwie beinahe alle Städte in Deutschland ihre besondere Gebräuche und Feierlichkeiten haben, also hat auch Ladenburg die seinigen, welche aber von keinem Belange mehr sind — Der Tag des heiligen *Antonius* des Einsiedlers ist besonders merkwürdig, und so viel man schliessen kann, so war eben dieser Heilige in dem spätern Zeitalter der Patron der Stadt — An diesem Tage versammelt sich der Rath auf dem Rathhause, wo die besondern Gesäz- und Gerechtsamen, welche die Stadt besizt, in Gegenwart der Bürger abgelesen werden. Man ernennet einen neuen Bürgermeister o); vier Deputirten der Bürgerschaft, welche sich in allen wichtigen Verhandlungen unterschreiben müssen; vier Viertelmeister, deren Pflicht es ist, für Ordnung bei Einquartierungen zu sorgen, die Häuser von Vagabunden und schlechtem Gesindel zu reinigen, und für die Beobachtung der Feuergesäze zu wachen — zwei Prokuratoren, welche verbunden sind, die Klagsachen der Bürger vor dem Stadtrathe zu verfechten, wenn sie dazu aufgefordert werden. Ferner werden auf diesen Tag alle öffentliche Kontrakte geschlossen, neue Polizeigesäze verkündiget, die neuen Bürger feierlich aufgeführt p) Alimenten angewiesen, und alles Vergehen gegen die Polizeigesäze bestraft. Bei dieser Versammlung findet sich

---

o) Nach der Bürgermeisterwahl versammeln sich die Kinder vor dessen Hause, und rufen demselben unter dem Obstsammeln, welches unter ihre wimmelnde Menge ausgeworfen wird, ein glükliches Bürgermeisteramt zu.

p) Der Bürger, welcher neu aufgenommen wird, erscheint bewaffnet auf dem Rathhause, er trägt seinen Feuereimer bei sich, und thut vor dem Rathhause einige Flintenschüsse.

die katholische Geistlichkeit ein; der Stadtpfarrer hält hier eine kurze Rede an die versammelten Armen, welche das Sikingische Almosen geniesen. Dankbare Erinnerung an ihre hohen Wohlthäter, ein Betragen, welches dieser Wohlthaten würdig ist — ist meistens der Stoff dieser Ermahnung. Nach dieser Rede wird in der Antonius- oder Spitalkapelle q) eine heil. Messe gelesen, welcher ehedessen der Stadtrath beiwohnte, nun aber ist dieser Gebrauch außer Uebung gekommen. Hierauf werden dem Stadtrathe die Neujahrsgelder gereicht, welche unter dem Namen der Antonius Büchse bekannt sind. Auf dem Antonius Tag muß ferner der Eigenthümer eines Hauses, welches man den steinernen Stok nennet, 15 fl. bezahlen, welche ehedessen an

---

q) Das Schiksal dieser Kapelle war immer einerlei mit dem Schiksale der Galluskirche von den Zeiten der Reformation an — Nun befindet sie sich in dem alleinigen Besize der Katholischen — wöchentlich wird wenigstens einmal Messe in derselben gelesen — wofür dem zeitlichen Stadtkaplane das Holz welches er den Winter hindurch nöthig hat, gereicht wird.

arme Studirende abgereicht würden, müßaber werden dem katholischen Schulmeister 10 fl. für den Unterricht der armen Kinder bezahlt, das übrige wird für Brod verwendet, welches unter die Kinder vertheilt wird. Diese Feierlichkeit endigt sich mit einer Mahlzeit, welche der neu erwählte Bürgermeister meistens einige Tage nachher veranstalten läßt.

§. 57.

Unter den Gewohnheiten, welche in Ladenburg herrschen, zeichnet sich das sogenannte ungebottene Gericht aus, welches noch ein Ueberbleibsel altdeutscher Gerechtigkeitspflege ist — Auf ein gegebenes Glokenzeichen versammelt sich der Stadtrath in schwarzen Mänteln samt der Bürgerschaft auf dem Rathhause — Jeder Bürger muß sich bei seiner Annahme mit einem Eide verbinden, wenn das Glokenzeichen zum ungebottenen Gerichte gegeben wird, auf dem Rathhause zu erscheinen; welcher Eidschwur nicht mehr zu binden scheint, indem niemand mehr mit Ernste angehalten wird, dieses Gericht zu besuchen. Das Gericht selbst wird auf folgende Art eröffnet: der Stadtschultheis fragt im Angesichte des Raths, und

der Bürgerschaft den Bürgermeister r) ob es
erlaubt sei, das Quartalgericht zu halten?
sobald der Bürgermeister dieses bewilliget hat,
so fragt er ferner, wozu er die Bürger ermah-
nen solle? Der Bürgermeister antwortet, daß
sie dem Landesfürsten getreu sind, alle ruchba-
re Laster, als Hochverrath — Mord — Räube-
reien, und dergleichen anzeigen, und sich überhaupt als rechtschaffene Bürger betragen, welches der Stadtschultheis pünktlich befolgt —
hierauf treten die Bürger ab, sezen ihre Be-
schwerde schriftlich auf, und überreichen dieselbe dem Stadtrathe. Das Resultat ist immer, daß der Stadtrath alles besorgen werde, worauf sich dieses politische Zeremoniell
endiget — Das ungebottene Gericht war in
seiner Entstehung ein trefliches Institut, wo
nämlich alle Klagen der Bürger pünktlich und
unentgeldlich beigelegt wurden — allein es ist
wie man in Ladenburg allgemein behaupten
will, seit vielen Jahren ausgeartet, und verdiente eine strenge Reform.

---

r) Noch ein schwacher Stral altdeutscher Freiheit.

§. 58.

Der Stadtrath hält jährlich einen Umgang um die Gemarkung, wo meistens die Gränzsteine untersucht werden, für diesen Umgang werden demselben 20 fl. aus der städtischen Kasse gereicht — Auf die Fastnacht gehen 8 junge Bürger mit Trinkgefässen, und Eßwaren, die sie an einer Stange tragen, in der Stadt herum, sie sammeln Geld, und andere Viktualien bei den Bürgern — Man giebt diesen Leuten den idiotischen Name Weinschröter, weil sie die Weine der Bürger ohnentgeldlich in die Keller schaffen müssen. Die Kontroverspredigt, welche jährlich am Feste des Fronleichnams Kristi auf dem öffentlichem Marke gehalten wird, gehört eigentlich zu den kirchlichen Feierlichkeiten — Welche herrliche Früchte könnte man bei einem so zahlreichen Zusammenlaufe des Volkes ärnden, wenn die Heiligste der Religionen nicht als Widersagerin sondern als die Quelle der reinsten und aufrichtigsten Bruderliebe aufgestellt würde!

§. 59.

Die Stadt macht wegen den Thürnen und Kirchen einen majestätischen Anblik — sie ist im Rundell gebaut, und hat ohngefähr eine Viertelmeile im Umfange. Die Gassen in Ladenburg sind unregelmäßig angelegt, wie in allen Städten älterer Zeiten wo man wenige Rüksicht auf Geschmak und Simetrie genommen hat. Die Hauptstrasse läuft vom Nekerthore bis auf das Schriesheimer Thor, sie war ehedessen sehr enge, da die Kellerthüren weit in die Strasse hinein reichten, nun aber ist sie geräumiger, da dieselbe auf obrigkeitlichen Befehl hinweggeschaft wurden. Der Mark liegt hart an der Hauptstrasse, und ist gleichsam der Vorhof der Galluskirche. Er ist überhaupt der reizendste Plaz in der Stadt, da um denselben meistens Häuser nach dem neuesten Geschmake aufgeführt sind. Die Stadt wurde in Zeit 20 Jahren, da sich der Geschmak der Bürger sehr verfeinert hat, ungemein verschönert. Nebst den verschiedenen ganz neuen Gebäuden zeichnet sich der Bischoffshof, die Galluskirche, das Spital, der Sturmfederische Hof und das Rathhaus besonders aus.

§. 59.

Die Stadt wird in Quatrate oder Viertel getheilt, in das Rindgauviertel, das Nekerviertel

Viertel, in das Kirchen- und Schriesheimer Viertel — Sie hatte ehedessen 4 Thore, wovon aber 2 das Heidelberger und Martinsthor geschlossen sind. Die neuesten Gebäude der Stadt, welche zwei hundert und drei Häuser in sich begreift, sind am Ende des 17ten und im Anfange des 18ten Jahrhunderts erbaut worden — Die Hauptstrasse ist reinlich, und bequem, für die Reinlichkeit der übrigen aber sind keine Anstalten getroffen. Ausserhalb der Stadt sind sehr schöne Alleen, und Spaziergänge angelegt, in welchen die ländliche Schönheit in ihrem vollen Reize erscheint. Nichts ist fähiger die schlaffen Kräfte, des Menschen wieder aufzuweken, und dem niedergedrukten Geiste neue Kraft, und einen neuen Schwung zu geben, als solche Einrichtungen. — Freilich sind dieselbe von der Eisflute im Jahre 1784 sehr beschädigt worden, allein sie sind weit geschmakvoller hergestellt, als sie zuvor waren. Daß in Ladenburg nichts mangelt, was zur Bequemlichkeit des Lebens gehört, beweisen die schönen Gärten, die um die Stadt angelegt sind — Nicht der Pracht oder Luxus ist ihre erste und wesentliche Bestimmung, sondern der Nuzen, und die ländliche Einfalt. Die Linde an dem Schriesheimer Thore, welches wirklich neu aufgebaut ist, ist majestätisch, und reizt den müden Wanderer zur Ruhe. Unter derselben ist ein Schießhaus angebracht, in welchem sich ehedessen eine große Schüzengesellschaft mit allen Feierlichkeiten, und einem außerordentlichen Zusammenflusse von Menschen aus den angränzenden Städten und Oertern ergözte — Die Stadt besizt zwei Ziegelhütten, zwei Leimsiedereien, drei Mahl- nebst einigen Oehl- und Ibsmühlen — Wenn je eine Stadt zum Handel bequem, und zu Fabriken, und Manufakturen gelegen ist, so ist es Ladenburg; der wirkliche Anwald-schultheis Herr Michael Eisenbard ist der einzige, welcher eine Grappmühl in Ladenburg besizt, und obschon dieselbe noch weit von ihrer Vollkommenheit entfernt ist, so ist dennoch der Absaz, der jährlich gemacht wird, beträchtlich, und eben ein Beweis, wie blühend die Fabriken werden könnten, welche in Ladenburg angelegt würden; wo die Zufuhren der Materialien sowohl zu Wasser als zu Lande leicht wären, und wo man Ueberfluß an allem hat, was zur Bequemlichkeit des Lebens erfodert wird.

§. 60.

In Ladenburg zählt man 360 Familien, welche überhaupt aus 1826 Seelen bestehen, unter denen sich 326 Reformirten, 245 Lutherischen, und 75 Juden befinden. Die übrigen sind Katholische. Unter den Einwohnern giebt es keine Leibeigene, welches die Vorzüge, so die Stadt auch in den Zeiten der Barbarei genossen hat, an ein günstiges Licht stellet — Das gesunde Klima, das vortrefliche Wasser, die Ergiebigkeit des Erdbodens, die Bergkette gegen Nordosten, welche die Stadt vor den rauhen Winden schüzet, und das Wachsthum des Getreides durch das Zurükprellen der Sonnenstralen ungemein befördert, macht Ladenburg zu dem angenehmsten Orte — Mit der natürlichen Beschaffenheit Ladenburgs stimmt auch die politische und sittliche überein. Die Inwohner verbinden mit der Gefälligkeit im Umgange ein mittelmäßiges, und unlästiges Etiquete, welches freilich nur von den Einwohnern vom Stande zu verstehen ist. Sie haben in der praktischen Oekonomie wenige oder gar keine ihres Gleichen im Vaterlande. Wischt man die beissenden Kritiken, und die scharfen Beobachtungen einiger Einwohner gegen andere hinweg, welche überhaupt in kleinen Städten eine herrschende Seuche sind, so ist Ladenburg die glüklichste Stadt.

§. 61.

Die Polizeianstalten in Ladenburg sind einige unbedeutende Punkte ausgenommen, vortreflich — und eben in dieser Stadt hat man den überzeugenden Beweis, daß die Anmerkungen einiger Reisebeschreiber nicht Stiche halten, welche von der umherschwärmenden Menge der Bettler auf schlechte Polizeianstalten schliessen. Läugnen kann man es nicht, daß die Gassen immer von fremden Bettlern wimmeln, welche meistens Kinder eines Landes sind, wo jede Hand, wenn sie nur arbeiten will, Brod gewinnen kann, und wo die Handwerker und Akersleute meistens nach Taglöhnern seufzen — verdiente nicht dieses Gesindel, daß man ihm jede Stadt verböte, folglich alle Gelegenheit entrisse, seines Müßiggangs zu pflegen? Auf allen Nebenstrassen sind Dunggruben angebracht, welches häßliche Gegen-

ftände für das Aug und den Geruch ſind — würde ſich nicht eine weiſe Obrigkeit unſterblich
machen, wenn ſie dieſes Uebel, welches der
Geſundheit und dem Vergnügen ſo nachtheilig
iſt, entfernete?

§. 62.

Ladenburg bezahlt jährlich 4442 fl. 45 kr.
Schazung nebſt gewiſſen Abgaben, wodurch
den beſondern Bedürfniſſen des Landes ge-
ſteuert wird z. B. Vethgeld, Rheinbau, und
Huſarengeld, welches leztere die Schäfer, Juden, und Hochrichter zu bezahlen haben. Der
Zoll und Akzis iſt wegen dem Tabak- Holz-
Grapp- und Fruchthandel ſehr beträchtlich.
Die Kurfürſtliche Hofkammer, die Lazariſten, und der Biſchoff von Worms beſizen
die Zehenden in Ladenburg. Der Wormſtſche
Antheil iſt von ſeiner urſprünglichen Beſtim-
mung her ein Theil des biſchöflichen Tafel-
geldes. Die Lazariſten beſizen zugleich den
Novalzehenden. Der Stadtrath beſteht aus
einem Stadtſchultheiſen, Anwaldſchultheiſen,
Stadtſchreiber, und 7 Rathsverwandten, unter denen ſich 1 reformirter, und 1 lutheriſcher
befindet. Dieſes Gericht iſt überhaupt mit edel-

denkenden Männern besezt, welche der wärmste Patriotismus belebt, wenn es um die Rechte, oder das Wohl der Bürgerschaft zu thun ist. s)

§. 63.

Die Gesundheitsanstalten in Ladenburg sind so vortreflich, daß vielleicht die volkreichste Stadt hierin keine Vorzüge hat. Die Stadt hat ihren eignen Oberamts-Phisicus t) welcher wirklich als Lehrer der Heilkunde in Heidelberg angestellt ist; seine Stelle vertritt Herr Doktor Siegel ein junger Mann; der aber die ausge-

---

s) Der wirkliche Stadtrath besteht aus folgenden Gliedern:

Herr Jakob Reineker, Stadtschultheis, und Kirchenschaffner.
Herr Michael Eisenhard, Anwaldschultheis.
Herr Franz Anton Klesser, Stadtschreiber.
Herr Georg Zentner, Bürgermeister.
Herr Kaspar Egery.
Herr Tobias Hohbach.
Herr Fridrich Lellbach.
Herr Peter Eisenhard
Herr Fridrich Schornberger, Rentmeister.
Herr Franz Heinrich Grausmann.
} Rathsverwandte.

t) Herr von Oberkamp.

breitesten Kenntnisse in seinem Fache mit dem
bästen Herzen verbindet, und sich durch seinen
Fleiß und Thätigkeit einen nie welkenden Ruhm
bei der Bürgerschaft erwirbt. In Ladenburg
trift man zwei Apotheken an, die sich in dem
bästen Zustande befinden — und an treflichen
Wundärzten fehlt es der Stadt nicht.

§. 63.

Das sind die Hauptzüge von der Geschicht
einer deutschen Stadt, deren bemoßte Thürne, zerfallene Mauren, und weit um sich her
zerstreute Ruinen noch laut von ihrem ehemaligen Glanze und Wichtigkeit sprechen — Allein
alles, was seine Größe vom Sterblichen entlehnt, ist dem unabänderlichen Gesäze der Zergänglichkeit, dem immer fortrollenden Wechsel
der Schiksale unterworfen — Ladenburg war
die erste Stadt im östlichen Deutschlande, ihre
stolzen Nebenbuhlerinnen Mannheim und Heidelberg lagen noch in dem tiefen Kaos, da diese Stadt schon Epoche machte — und würde
diese nicht das Looß getroffen haben, an einen
Bischoff verschenkt zu werden, würden wohl
Mannheim und Heidelberg jemale einen so hohen Glanz erreicht haben? — Würde wohl eine
Stadt der Aufmerksamkeit vieler Fürsten von
dem ausgebildesten Geschmake entgangen sein?
welcher die Natur ihre Reize verschwenderisch
mitgetheilt hatte; Zu deren Verschönerung die
Kunst und Genies alles beigetragen hatten, wel-

che die Residenz der größten Monarchen ihrer Zeit und der Lieblingsaufenthalt vieler Fürsten und Kirchenhäupter war, doch der Ewige, Unerforschliche, dessen Verhängnisse der schlichte Erdenwaller im Staube anbethen muß, lenkt die Schiksale, welche über Reiche und Städte entscheiden.

Diese Geschicht ist übrigens mit dem reinsten Wahrheitsgefühle, mit der treuesten Darstellung der Begebenheiten, ohne Tadelsucht, ohne Vorurtheile, und ohne alle Anhänglichkeit niedergeschrieben. Sollte der Kritiker auf kleine Unrichtigkeiten stossen, welche in die kirchlichen, politischen, statistischen oder andern topographischen Nachrichten eingeschlichen sind — so bedenke man nur, daß sich noch kein Sterblicher durch all sein Bestreben je die Gabe der Unfehlbarkeit erworben habe; und daß es Herkules Arbeit sei, eine Geschichte in der dunkelsten Vergangenheit aufzuspüren, sie in ihrem ganzen Umfange zu beleuchten, und aus tausend labirintischen Datis eine Kette zu schmieden; wo das Archiv zu Grunde gegangen ist, wo alle Urkunden vom Feinde vernichtet, oder vom Moder aufgefressen sind, und wo endlich der Zutritt zu jenen Gewölbern verschlossen ist, wo noch ächte Nachrichten einzuholen wären — Ich lieferte nur eine Skizze, vielleicht wird dieselbe alsdenn zu ihrer Vollkommenheit gebracht, wenn mehrere Lüken in der vaterländischen Geschichte ausgefüllt, mehrere Unrichtigkeiten beleuchtet, und mehrere Entdekungen gemacht sind.